刘乃翘 著

呼兰河女儿影像传

萧红印象

哈爾濱工業大學出版社

目录 | Contents

目录 | Contents

目录 Contents

目录 Contents

目录 | Contents

目录 | Contents

目录 | Contents

引子

XIAOHONGYINXIANG

20世纪初年的黑龙江地广人稀，蛮荒苍凉，冬日旷野中凛冽的北风肆虐地挑战着人的承受力，大自然在考验人意志的同时也塑造出本地人坚韧挺拔的个性。从黑土地上崛起的众多历史文化名人中，有一位女性的名字格外响亮。她就是中国现代著名作家萧红！

萧红之所以历经百年依然引人瞩目，是因为她在短暂的创作生涯中留下了一系列深沉而隽永的作品；还因为那些作品饱含着她对生命的透彻感悟和对故土生灵悲悯的人文情怀；更因为她的作品镌刻着清晰而沧桑的黑土履痕……

一条来自远古的河

在松花江哈尔滨段以北的地方，有一片水草丰美的河滩湿地。有一条小河就是在这里入江的，那之后它和着松江碧波一路奔涌，驶向辽远又寒冷的东北方向，最终融入襟怀宽阔的黑龙江。这小河就是闻名遐迩的呼兰河。它不仅孕育了小城呼兰，更抚育了兰河最贴心的女儿——作家萧红。

呼兰河是一条沧桑悠远、敦厚慷慨的河。据说在兰河流域富饶的平原上，已经发现了从原始社会至今的许多人类遗迹，让我们看到了先民探索的脚步，记住了他们创造的古代文明。

由于冰雪的肆虐和历史的原因，早年的东北荒野千里、人迹罕至，冬天总是特别漫长、特别严酷。在萧红的记忆里，寒冷会把地皮冻裂的：

严冬一封锁了大地的时候，则大地满地裂着口。从南到北，从东到西……只要严冬一到，大地就裂开口了。严冬把大地冻裂了……

大地一到了这严冬的季节，一切都变了样，天空是灰色的，好像刮了大风之后，呈着一种混沌沌的气象，而且整天飞着清雪……

尽管冬日漫长，可每到春暖花开、万物复苏的季节，兰河两岸就变得林木葱茏、鹤飞鸟鸣……就在这天苍野茫的变幻间，兰河之水不倦地浸润着两岸的良田，孕育着世代相承的本地人，也滋养着民风淳朴的呼兰小城。

年复一年，静静的呼兰河蜿蜒汇入滔滔的松花江……它就是让萧红魂牵梦绕的故乡母亲河。

清朝对东北的封关

历史的车轮滚滚向前，古往今来虽然不断有人在黑土地上驻足或统辖，但他们大多昙花一现，转瞬即逝，最终没入历史的尘埃。到了清朝康熙、乾隆年间，清王朝开始了对东北的封关政策。

闯关东的农人

清王朝自入关以后，就把东北看做是祖上的龙兴之地，不容许关内汉人染指这里，怕破坏了他们特别看重的“龙脉”。甚至为此设立了著名的篱笆墙“柳条边”，以阻挡日益增多的关内流民。

但封归封、禁归禁，毕竟民间不比官府，贫困和饥饿会让人铤而走险的。于是，自17世纪至19世纪的200年间，越过封锁闯入山海关以北的汉族人渐渐地多了起来。

到了19世纪60年代，咸丰皇帝不得不颁令解除封禁，由此掀起了山东、河北、河南、山西、陕西等地闯关东的又一次大规模移民潮。

后来到19世纪末的光绪年间，东北被分成了三个行省：奉天、吉林、黑龙江。不过当时，吉黑两省的界限正是流经哈尔滨的松花江。呼兰在江北，属黑龙江地界；哈尔滨居江南，归吉林管辖。

对潮水般涌入黑土地的移民，国人习惯地称之为“闯关东的”。一个“闯”字已经将移民的顽强、耐力与开拓最生动地诠释出来。

近200年间，从扼关隘之要的山海关到林海茫茫的兴安岭，反复出现的竟然是同一幅画面：闯关东的人以担子挑着小孩子；用吱吱作响的独轮车推着衰老的爹娘……那正是扶老携幼的一家人艰辛而沧桑的闯关东之路。

闯关东的张家人

说起萧红就不能不提远在哈尔滨之南的古都阿城的张氏老家，因为萧红本姓张，原名张乃莹（1911—1942），小名荣华。

虽然她出生在黑龙江的呼兰城，但她祖父的老家在阿城。在阿城的一个小村有一家曾经显赫的酿酒作坊“福昌号”烧锅，村庄正是由张家开办的这间作坊而得名，那正是萧红祖父张维祯的老家。

民国时闯关东的农民

18 世纪中叶的乾隆年间，由于灾害和饥荒，萧红的六世先祖张岱和妻子章氏像许多闯关东的老百姓一样，从祖居地山东聊城乡村携家带口历尽艰辛地闯入了黑土地。

他们先是在辽宁落脚做雇工，后来又迁往吉林榆树，并买得一块土地有了自己的居所。那以后他的几个儿子又北上来到黑龙江的阿城、宾县等地开垦荒地，置业谋生。

就这样，在黑龙江肥沃的土地上，张氏家境渐渐地殷实起来，碰到丰年甚至粮食多得收不完。于是他们办烧锅、开店铺、立当铺……将家族的资产不断扩大。

到了曾祖父的年代，大家庭已经积累了一些财富，而且多在阿城的福昌号老家。到了萧红祖父张维祯这一代，祖辈创下的家业已经开始衰落。

不过在分家的时候，张维祯依然分到了一些家产：位于呼兰的一家油坊、一座宅院以及不多的田地。于是祖父张维祯离开老家阿城来到松花江以北的小城呼兰。祖父的家虽不很富，但在当年的呼兰也算是一户殷实人家。

小城呼兰是故乡

XIAOHONGYINXIANG

呼兰是远近文明的小城

古城呼兰的早年风貌

呼兰紧邻松花江水路，又位于边塞龙江的南北交通要冲，是四方往来的必经之地，远近闻名的呼兰小城就坐落在兰河入江口上游的北岸。

据说清朝政府自雍正年间就在这里设治建城了，从1734年建城伊始到20世纪初年它已有近200年的历史。同当时刚刚开埠的哈尔滨比，呼兰还真是个古城呢。

不管怎么样，经过几代人的经营，到了清末民初的时候，小城的街市已经渐渐地热闹起来。萧红的描述让我们可窥见小城的风貌：

> 呼兰就是这样的小城，这小城并不怎样繁华，只有两条大街。一条从南到北，一条从东到西，而最有名的算是十字街了……
>
> 城里除了十字街之外，还有两条街，一条叫做东二道街，一条叫做叫做西二道街……这两条街上没有什么好记载的，有几座庙，有几家烧饼铺，有几家粮栈……

在那个年代，寺庙祠堂附近就是人群汇聚的地方，而当年的呼兰已经有了一座香火缭绕的关帝庙；还有一处佛寺三光庵，不过那时它还是瓦屋草堂，看上去十分简陋；此外河岸附近建有一座飞檐四翘、交错起伏的清真寺，这是本地穆斯林做礼拜的场所……

在呼兰，特别引人瞩目的还是那刚刚落成的30多米高的哥特式天主教堂。教堂正面的双塔式造型很像法国大名鼎鼎的巴黎圣母院，据说它正是由一位法国神甫主持建造的。多年以后，天主教堂成为呼兰一处著名的历史建筑。

此外，这里还有慈云寺、龙王庙、吕祖庙、城隍庙……它们都挤在呼兰不大的城区里，难怪方圆百里的人都把呼兰看做宗教与文化的荟萃之地。

风土民俗前人往事

最初的城市就在乡村的土地上长大，差不多松花江每次发大水呼兰河都不能幸免，大水一次次涌进城里，又一次次退出街巷，将饥饿与贫困留给小城呼兰。由于杂乱散居，不免街巷拥挤、房屋连脊，早年的两场火灾就将相连的街坊一起烧光，还烧毁了一座十分宝贵的北牌坊。

在当年，呼兰与其说是个小城还不如说它更像个乡镇。像许多乡镇诞生之初一样，早年这里荒凉又土气：道路是泥泞的，沼泽水坑就横在路边；人们住的大多是低矮的草泥房，用泥土垒墙再苫上茅草屋顶；园子不仅要种菜，还要养猪放鸡喂鹅的……每到冬季，凛冽的冰雪就会将这一切笼罩在无尽的萧瑟之中。

荒凉归荒凉，当时还很简陋的寺庙前总还有几个挑担卖货的，闲来无事的大人孩子也喜欢凑在那里看热闹。渐渐地，这里的买卖就聚堆了：小到扎面人、做糖葫芦的挑担人，大到自成一家的粮油摊、杂货铺、中药店……于是几条小胡同和一条不大不小的买卖街出现了，这就是萧红笔下的十字街和小胡同。

> 十字街街口集中了全城的精华。十字街上有金银首饰店、布庄、油盐店、茶庄、药店，也有拔牙的洋医生……
>
> 呼兰河城里，除了东二道街、西二道街、十字街之外，再就都是些个小胡同了。
>
> 小胡同里边更没有什么了……那些住在小街上的家，一天到晚看不见多少闲散杂人。耳听的眼看的，都比较少……
>
> 在小街上住着，又冷清、又寂寞……

于是，每到农历的初一、十五，或者四月逢八的日子，来城里赶庙会的人还真不少。于

是，南来北往的人畜把不宽的街道塞得更满了：行人与马车、猪狗与鸡鸭统统可以大行其道；街边蒿草和垃圾也耀武扬威地自由泛滥了……

呼兰河除了这些卑琐平凡的实际生活之外，在精神上，也还有不少的盛举，如：

跳大神；

唱秧歌；

放河灯；

野台子戏；

四月十八娘娘庙大会……

1900年的义和团运动

在寺庙祠堂前，热闹的日子货郎小贩们已是一位难求了。就这样年复一年，这里的人们已经习惯了如此场景；习惯了你方唱罢我登场的小城生活。

兴医办学文风初开

到19世纪末，清政府已在呼兰设立了厘捐局、邮寄所、电报所等机构。后来又有了制糖厂、制粉公司、轮船公司，以及城里的商业工会。

在世纪之交的1897年，俄国人修筑的东清铁路从呼兰境内通过，沿线设了对青山、满沟、庙台子等车站。铁路在1903年建成通车，后来它被称作中东铁路。

据说当年修铁路时，曾打算将松花江以北的呼兰作为中东铁路的交汇点，后来设计者不知何故改了主意，否则因兴建铁路而陡然崛起的就不是哈尔滨而是呼兰了。

1900 年夏天，席卷北方数省的义和团运动也波及到呼兰，与俄国人作战的清朝军队就曾驻扎在这里，为此俄国军队曾攻下呼兰。

在运动平息几年后，英国传教士又到小城来传播基督教。那以后英国人在城西北设立了分别接待男性和女性的两家医院，几年后又设立了中医院和戒烟所。

早在18世纪40年代呼兰就创立了官学；19世纪初呼兰又建立文昌阁，设了清文教习；到19世纪70年代，法国传教士为传播天主教来到这里，他们也将西方的文化一同带到这里。

到20世纪初，小城已经有了几所像样的初等小学；有了这里第

一所初高两级小学堂；设立了黑龙江第一所女子学校；随后又设立呼兰师范传习所和高等工业实习学堂。回忆家乡的学堂时，萧红说：

> 东二道街上还有两家学堂，一个在南头，一个在北头。都是在庙里边，一个在龙王庙里，一个在祖师庙里。
>
> 两个都是小学：龙王庙里的那个学的是养蚕，叫做农业学校。祖师庙里的是个普通的小学，还有高级班，所以又叫做高等小学……

正因为有这些学校的存在，呼兰的文化教育一直领先于周边地区，甚至有学生从几十里外到此就读，因为这里有启蒙开先的新式学堂，学生因此受益匪浅。

生为呼兰人的萧红是很幸运的，因为她的启蒙教育有了较好条件，对于她的成长这是至关重要的第一步。

欢乐童年兰河畔

XIAOHONGYINXIANG

祖父张维祯

父亲是祖父的养子

分家后祖父张维祯一家离开了阿城老家，来到几十里外的呼兰城。祖父是一个温良敦厚的人，生于晚清年间（1848—1929年）的他早年读过私塾，后来由于家业需要人手，才放弃读书回家帮忙。不过他显然不具有过人的才干，因为无论是做事还是务农他都没有出类拔萃过，甚至留给人慵懒平庸的印象。

不过，和善而寡言的祖父却有一个比他精明强干的妻子。祖母范氏的年龄比祖父大一岁。她是一个能干的女人，既爱说话又喜欢凑热闹，家里家外的事情大多由她打理，自然也由她说了算。

祖父与祖母共生了三个女儿和一个儿子，不幸的是唯一的儿子不久就夭亡了，这给了二人不小的打击。后来，随着三个女儿的出嫁，老两口越发体会到无子的缺憾。在那个时代，这是有关家族承继的大事，也是养老送终的唯一指望。

于是，二人决定从家族的后代中过继一个养子。几经斟酌，他们选中了张维祯的堂弟张维岳与逝去前妻所生的小儿子张廷举(1888—1960年)，并为他取名张选三。就这样，张廷举来到养父母的呼兰新家，他就是萧红的父亲。

来到呼兰前，张廷举在老家阿城已经开始读书了。到呼兰后，他实现了继续求学的愿望，来到当时更加繁华的齐齐哈尔城读书。在这里他就读于省立优级师范学堂，毕业后来到汤原县做了一名教员。

祖母定下的婚事

在小萧红眼里，家里的许多事情都是由祖母操办的：“祖父一天到晚闲着，当然也因此被祖母唠叨着、责骂着，因为无论他做什么都是令人不满意的……”因为祖父并不善于务农和理财，要说读诗写字他还凑合，管家的事他是没什么兴致的，所以他除了完成妻子安排的拂尘扫院一类的活计外，就整天在房前屋后转悠。

父亲张廷举晚年

祖父家的事大都由祖母说了算，给养子选亲成家自然也成了她的事。那一年，祖母范氏去呼兰北边的屯子参加一位亲属的婚礼，她看中了那里老姜家的大女儿，于是请人牵线前去提亲。

姜玉兰的家在呼兰以北的姜家窝堡，那是一个人家不多的小屯子，屯里净是草顶的土房，看上去古朴而简陋。姜玉兰的父亲姜文选在当地教私塾，据说他后来还被选为当地的议员。多年以后，姜玉兰的三妹姜玉凤还记得姐姐当年的许多事。

这样的家世给了姜家儿女受教育的机会，由此姜玉兰成为一位粗通文墨的姑娘。作为大女儿，她的亲事特别受父亲的重视，以至于二女儿已经出嫁，大女儿的婚事还没有定下来。据说姜玉兰出嫁的时候，已经满23岁了，在当时这已经是大龄青年了。

母亲姜玉兰

看来无论是张家还是姜家都对这门婚事很满意。不过当时张廷举还在外地，因此姜家来的人只见到了他的照片。于是，经过说媒送聘地一番忙碌，婚事就算确定下来。订婚后第二年夏天，张廷举与姜玉兰举行了婚礼。

那是在1909年8月的一天，尽管当天还下了一场大雨，但两家差不多所有的亲朋还都坐着带席蓬的马车来了。像当时许多婚礼一样，三叔二伯、七姑八姨地挤满了院子，大人孩子争相一睹新娘子的风采。

这新娘果然不凡，按当时的标准可称相貌姣好。只见她中上等个子，不胖也不瘦，不仅五官端正还显得气质不俗，看得出这是一位精干利落的女子。今天我们还是可以从那张萧红与母亲唯一的合影中读出这样的印象来。

据说当家的祖母去世以后，家里的事情就由母亲姜玉兰管理。她不仅管理得井井有条，还操办着盖起了厢房。

慈爱祖父的掌上明珠

1911 年6月1日是农历端午节。按时俗，这 ·天的呼兰小城正沉浸在挂艾蒿、包粽子、煮鸡蛋的节日氛围里；街市上热闹的民俗风景让赶集的人们目不暇接。

就在这天，城内龙王庙路南的张家大院里出生了一个小名叫荣华的女孩，她最初的大名叫秀环。后来，为了避免与长辈重名，长大后她被改名叫张乃莹，这就是后来的萧红。当时谁也没有想到，她的出生差不多成了送给祖父最珍贵的晚年礼物。

萧红是张廷举和姜玉兰四个孩子中的第一个，也是唯一的女孩。虽然并没有像父母期待的那样生一个男儿，她的到来还是让年轻的父母十分欢喜。

因为母亲嫁到张家已经两年了，萧红正是全家人热切期盼的第一个孩子。按照当地人的看法，女孩诞生在农历五月初五并不吉祥，因此家人改称萧红的生日是6月2日。

在萧红出生后的几年里，母亲接连生下了三个男孩。不过这三个弟弟中的两个都夭亡了，只有二弟张秀珂活了下来，他是萧红唯一的同父母兄弟。

接连到来的男孩一定会让年轻的父母格外高兴，但是操持家务、照顾孩子的繁累差不多占去了母亲的全部精力，再加上那个年代重男轻女的习俗，幼小的萧红几乎被母亲遗忘了。

1947年萧红家人在故居后花园合影，后排左一为弟弟张秀珂、左三为父亲张廷举

两三岁时的记忆，可以让我们看到萧红的淘气。只要她上了祖母整洁的土炕，就会急忙伸出手指去捅破窗纸。为了吓一吓这顽皮的小孙女，祖母拿着绣花针等在窗外。当萧红的指头被针尖刺痛时，她就再也不喜欢这个有洁癖的祖母了。

就这样在家人的忽略中，小萧红开始了顽皮又难忘的童年。她的记忆总是和多彩的后园与慈爱的祖父连在一起。

幼年的萧红

我家有一个大花园，这花园里蜂子、蝴蝶、蜻蜓、蚂蚱，样样都有……

蜻蜓是金的，蚂蚱是绿的，蜂子则嗡嗡地飞着，满身绒毛，落到一朵花上，胖圆圆地就和一个小毛球似的不动了。

花园里边明晃晃的，红的红，绿的绿，新鲜漂亮……

在小萧红眼里，祖父是家里最慈爱的人。从她蹒跚学步开始，祖父就带着她房前屋后地转悠。那时在堂前檐下、前院后园，处处都闪动着祖孙二人的身影，也处处都留下这一老一小纯美的笑声。而她记忆中的祖母，就是用缝衣针吓唬她的那一点点印象。

等我生来了，第一给了祖父无限的欢喜，等我长大了，祖父非常地爱我，使我觉得在这世界上，有了祖父就够了，还怕什么呢……何况又有后花园！

……

就这样一天一天的，祖父、后园、我，这三样是一

样也不可缺少的。

在萧红笔下，祖父憨厚淳朴又很有耐心：祖父个子很高，身板硬朗，手里总是不离他的旱烟袋，有时还拎着一根手杖。他走路动作有点笨拙；他孩子般的笑容尤其令人难忘，因为开心时，他会笑得两眼眯成一条缝。

他喜欢与孩子们逗趣，不管是自家的还是邻家的孩子，他都会有滋有味地同他们开着已经被识破了的玩笑。如果你读了《呼兰河传》的描述，你就能想象那有趣的一幕：在一位动作缓慢的慈祥的老人周围，一群天真烂漫的孩子正在尽情地嬉闹……

顽皮可爱的小萧红

后花园的幸福童年

百年之前的小城宅院同农家院很相似，是那种东北流行的前院后园式的。张家大院也一样。走进院门，侧面是偏院和几间低矮的棚屋，通常这是下人租户住的地方；院子中间坐北朝南的是五间正房，萧红一家就住在这里。

这五间正房呈一字排开，正中的一间既作为厨房也是出入前院后园的门户，它的左右各有两间住屋。左边的两间是祖父母住的；右边的两间就是萧红父母的房间。

拐进右手一侧的门，像通常人家的一样，里面的两间住屋是相通的，要经过外间才能进入里间。外间屋里靠近窗户的南半边是一铺典型的东北土炕，炕的一侧摆放着木制的炕柜，地下是木桌木椅。这间屋子就是萧红出生的地方。

穿过灶房从后门出去，正房的后面就是一片菜园，这就是萧红心中的“百草园”。当年就是在这里，在祖父的陪伴下，她度过了欢愉而幸福的童年。那时的小萧红顽皮又可爱，圆嘟嘟的脸上充满稚气，淘气时有点像虎头虎脑的男孩子。

重温《呼兰河传》的描述，就可以看到祖孙俩在园中无比欢畅的往事。

祖父一天都在后园里边，我也跟着祖父在后花园里边。祖父戴一个大草帽，我戴一个小草帽；祖父栽花，我就栽花；祖父拔草，我就拔草……祖父铲地，我也铲地……

一到后园里，我就没有对象地奔了出去，好像我是看准了什么而奔去了似的。其实我是什么目的也没有，只觉得这园子里边无论什么东西都是活的，好像我的腿也非跳不可了。

若不是把全身的力量跳尽了，祖父怕我累了想招呼住我，那是不可能的，反而他越招呼，我越不听话……

当祖父发现她"锄"过的地留下一片野草时，就教她辨认谷子与狗尾草的方法。不料结果是：

祖父虽然教我，我看了也并不细看……一抬头看见一个黄瓜长大了，跑过去摘下来我又去吃黄瓜去了。

黄瓜也许没有吃完，又看见一个大蜻

> 蜓从身旁飞过，于是丢了黄瓜又去追蜻蜓去了……
>
> 采一个倭花心，捉一个大绿豆蚂蚱……
>
> 玩腻了，又跑到祖父那里去乱闹一阵。祖父浇菜，我也抢过来浇。奇怪的就是并不往菜上浇，而是拿着小瓢，拼尽了力气，把水往天空里一扬，大喊着：
>
> 下雨了，下雨了……

于是从屋子里到后园中，祖孙之间的种种趣事给萧红留下了难以忘怀的温馨记忆；祖父憨拙的身影加上绿园里阳光下的小黄瓜、大倭瓜、绿蚂蚱、花蝴蝶……正是这一切构成了作家梦境中挥之不去的“百草园”。

温馨的天伦之乐

有时候，顽皮的小萧红会寻机给祖父添乱；有时候，她会被墙外绿荫下的蝶舞蝉鸣所吸引，放下花朵去捉蚂蚱……当年往祖父草帽上插花的生动一幕，也深深地印在作家的脑海里：

> 后园中有一棵玫瑰，一到五月就开花的……别的一切都玩厌了的时候，我就想起来去摘玫瑰花，摘了一大堆把草帽脱下来用帽兜子盛着……忽然异想天开，这花若给祖父戴起来该多好看。
>
> 祖父蹲在地上拔草，我就给他戴花。祖父只知道我是在捉弄他的帽子，而不知道我到底是在干什么。我把他的草帽给插了一圈的花，红彤彤的二三十朵。我一边

> 插着一边笑，当我听到祖父说："今年春天雨水大，咱们这棵玫瑰开得这么香，二里路也怕闻得到的。"
>
> 就把我笑得哆嗦起来……等我插完了，祖父还是安然的不晓得……我不敢往祖父那边看，一看就想笑。所以我借机进屋去找一点吃的来。还没有等我回到园中，祖父也进屋来了。
>
> 那满头红彤彤的花朵，一进来祖母就看见了。她看见什么也没说，就大笑了起来。父亲母亲也笑了起来，而以我笑得最厉害，我在炕上打着滚笑……

还有要吃掉井的鸭子肉时，慈祥爷爷和馋嘴孙女那可爱又可笑的形象：

> 第二次，又有一只鸭子掉井了，祖父也用黄泥包起来，烧上给我吃了……我吃，祖父在旁边看着，祖父不吃……祖父看我每咽下去一口，他就点一下头，而且高兴地说："这小东西真馋……"我的手满是油，随吃随在大襟上擦着，祖父看了也并不生气……
>
> 自此吃鸭子的印象非常之深，等了好久，鸭子再不掉到井里，我看井沿有一群鸭子，我拿了秫秆就往井里

边赶。可是鸭子不进去，围着井口转，而呱呱地叫着……

正在吵吵嚷嚷的时候，祖父奔到了。祖父说："你在干什么？"我说："赶鸭子，鸭子掉井，捞出来好烧吃。"祖父说："不用赶了，爷爷抓个鸭子给你吃。"我不听他的话，我还是追在鸭子的后面跑着。

祖父上前来把我拦住了，抱在怀里，一面给我擦着汗一面说："跟爷爷回家，抓个鸭子烧上。"我想：不掉井的鸭子，抓都抓不住，可怎么能规规矩矩贴起黄泥来让烧呢？于是我从祖父的身上往下挣扎着，喊着：

"我要掉井的！我要掉井的！"祖父几乎抱不住我了……

这些精彩的片段让人感到温馨无比。同时我们也看到，无论孙女做什么，祖父都毫不限制。对祖父来说，身边有一个天真烂漫的孩子陪伴，他的晚年生活真是充满了乐趣。

从另一个角度看，祖父的娇宠虽然给了萧红无拘无束的童年自由，但也在一定程度上养成了她任性执拗的性格。自然，这个性对她以后人生之路的影响是巨大的。

母病逝上学读书

XIAOHONGYINXIANG

跟随祖父诵古诗

在祖母眼里，祖父是“死脑瓜骨”的人，整天跟在祖父身后的萧红就是“小死脑瓜骨”，她数落老头子的时候，也总是要稍带上顽皮的孙女。就这样，在祖母的唠叨与祖父的呵护下，萧红渐渐地长大了。

在萧红 5 岁那年，祖母去世了。这事来得有些突然，在那之前，淘气的女孩甚至没有注意祖母病重的事。因为祖母显然有洁癖，她房间的许多物件都不让孙女动的，因此孙女对她并不像对祖父那么亲近。

可是这几天，家里的来人突然多了起来，先是姑姑们带着孩子

回来探望，随后其他的亲友也来了。不明原因的萧红还感到很高兴，因为几个比他大的表兄都来了，这下子她的玩伴就多了，这是让她高兴的事。

这一天，在后园玩耍的萧红突然发现下雨了。想到酱缸的盖子很像尖顶的草帽，她就搬来扣在头上。对于5岁的小孩它真是太大了，以至于挡得她看不清路了。就这样顶着它，萧红晃晃悠悠地走进了厨房，不料父亲见了竟恼怒地将她踢到了一边。

被这一脚踢得发懵的萧红还没明白是怎么回事，就发现屋里的情形不同寻常：满屋的人都穿上了白衣服，祖母不在床上而是躺在木板上，她已经死了！可是小孩子对于死亡又能理解多少呢。

那以后萧红还像以前一样地玩耍，也像以前一样地任性。她闹着要住到祖父空着的屋里去，达到目的后，她变得更加无拘无束了。无论是早上还是晚上，她都要祖父教她念古诗。有时，当她扯着喉咙像喊一样地诵读时，不禁令老人哑然失笑……

春眠不觉晓，
处处闻啼鸟，

有慈祥的祖父可以依靠；还可能是敏感的女孩把思念埋在了心里……

因为自那以后萧红就变成了一个孤独寡言的女孩，与从前嬉闹的男孩般的顽皮已判若两人，她变成了一个沉静的小学生。

小学堂里的优秀女生

也许是突然失去贤良的妻子；也许是性格内向难以向人倾诉；也许是家庭重压加上事业繁冗……父亲的脾气一下子变得暴躁起来，变得让女儿很难理解与承受，父女关系的紧张初露端倪了。

就在母亲去世当年的冬天，父亲续娶了继母梁秀兰。继母不过比萧红大14岁，她嫁进门就要面对几个孩子，这不是一件容易的事。

后来梁氏回忆：她刚进门的那天，来认母的荣华鞋上给母亲戴孝的白布还在；刚刚3岁的二弟秀珂是别人扶着拜的；几个月的三弟只能被抱着见继母……

转年，9岁的萧红进入呼兰龙王庙小学读书，那是离家很近的学校，但这里只是一所初级小学。几年后萧红又进入南关劝学小学读高小。

那时呼兰的小学校多设在寺庙里，学校条件很简陋，教室就是几

萧红读书的小学校

间泥土垒墙的平房。从旧址的照片我们可以看见它当年的模样，萧红也记述了她的小学见闻。

> 这两个学校，名目上虽然不同，实际上是没有什么分别的。也不过那叫做农业学校的，到了秋天把蚕用油炒起来，教员们大吃几顿就是了……
>
> 那高等小学里的学生却不同了，吹着洋号，竟有二十四岁的，在乡下私学馆里已经教了四五年的书了，现在才来上高等小学。也有在粮栈里当了二年的管账先生的现在也来上学了……因为他已经子女成群……写起信来总是多谈一些个家政……

小萧红（右一）与亲属的合影

在小学读书时萧红一直学业优秀，一方面是她聪敏勤思，还与家中祖父的启蒙和父亲的职业有关。她的好成绩不仅让家人特别高兴，也受到学校的鼓励。

据说读初小时，萧红的作文常受到班主任果老师的表扬，还被作为范文展示给同学。到高小毕业时，她的成绩也是名列前茅的。小学毕业时作为成绩优异的学生，她还代表毕业生上台发言。

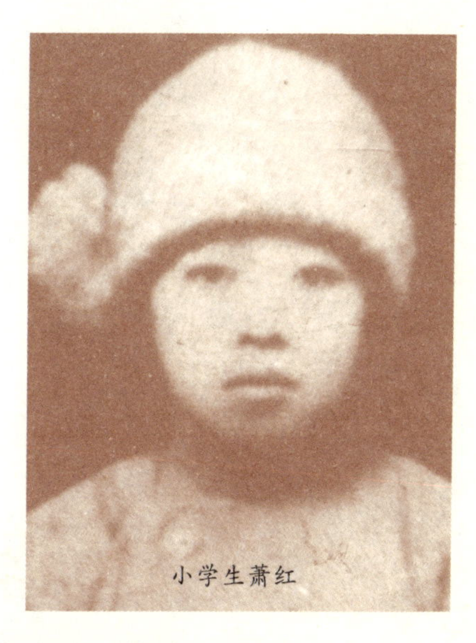
小学生萧红

开启心智的小学记忆

高小时期的萧红是一个勇于参与的少女。她还记得1925年募捐的事。

当上海日本人枪杀中国工人的五卅惨案的消息传到呼兰时，在一些爱国人士的鼓动下，小城的中小学生也举行了募捐活动。虽然所获甚微，但萧红也为这次活动出了力。

那一天，萧红和同班的傅秀兰到街上挨家挨户去募捐。在一大户人家，看到有钱人的太太竟然只拿出区区五角钱来，萧红直率地表示太少了。她仗着胆说了几句话，迫使对方勉强拿出一元钱来。这让站在旁边的傅秀兰很是佩服，因为萧红平时话并不多。

呼兰城有一座历史悠久的西岗公园。入园迎门处就是古色古香的四望亭；园中还有一棵100多年的巨大的仙人掌，它们和这公园一起见证了呼兰的百年历史。这里也留下了女作家早年的足迹。

在小学毕业前，萧红曾和同学一道参加了在西岗公园举行的演出，她们演出了一幕反抗封建包办婚姻的新剧《傲霜枝》，萧红扮演了其中的一位小姑娘，这在呼兰成为一时之谈。后来在哈尔滨，萧红也参加过戏剧排练，可见她是一位能大胆参与的勇敢女性。

从萧红的作品和人们的回忆中，我们总可以看到她对弱者的同情与悲悯。她作品的许多主人公都是家乡的穷苦百姓，其中又以苦难的女性居多。小学毕业前，在一篇受到老师表扬的作文《大雨记》里，萧红记下了呼兰街上一对被暴雨淹死的父子的悲惨故事。

像当时许多进学堂读书的女孩一样，读书让萧红开启了心智、领悟了道理。小学毕业后，她的几个同学先后升入呼兰的中学，或到临近的哈尔滨和更远的齐齐哈尔去读书了。萧红何尝不想继续读书呢，可是家里那一关她能够过去吗？

当年从德女中旧址

到哈尔滨读中学

XIAOHONGYINXIANG

20年代的哈尔滨

渴望读书终遂愿

20世纪20年代的国人以为，女孩并不需要多读书。因为当时多数人看来，古往今来女子的出路只是做个相夫教子的家庭妇女，有没有文化是一样的。

虽然父亲张廷举在学校任职，可他也没想让女儿继续读书，甚至很喜欢聪明伶俐的侄女的大伯父也不赞成她去哈尔滨读书，理由是看不惯城里那些新式学生的做派。由于父亲的反对，在1926年，小学毕业的萧红回到了家里，而且一待就是一年。

看到自己要好的同学纷纷去读书，萧红急切的心情可想而知。她的确是一个特别喜欢读书的少女，异母弟妹还记得她当年读书的模样：无论是在屋里还是园中，找到一处阴凉地方，她就会孜孜不倦地捧起书本沉浸其中，甚至有点废寝忘食了。此时，在家闲居的她执意要读书的愿望越发强烈了。

这一年间，由于不能继续升学，萧红与父亲的关系也变得越发紧张了。可能是养子身份影响了父亲，特殊的家庭关系造就了他沉闷又执拗的性格。虽然也是读过新式学堂的人，沉默寡言的他还是显得过于传统和保守，这也给后来父女关系的恶化埋下了伏笔。萧红曾经在作品中记述了当时的处境：

九岁时，母亲去世。父亲也就更变了样，偶然打碎了一只杯子，他就怒骂到使人发抖的程度。后来就连父

亲的眼睛也转了弯，每从他的身边经过，我就像自己的身上生了针刺一样；他斜视你，他那高傲的眼光从鼻梁经过嘴角而后往下流着……

父亲在我眼里变成一只没有一点热力的鱼类，或者别的不具着情感的动物……

从那时起伯父同父亲是没有什么区别，变成严凉的石块……

据说父女关系紧张时，做父亲的不仅仅斥骂萧红，还举手打了桀骜不驯的女儿，难怪这事会让萧红久难释怀。而曾经很喜欢聪慧侄女的伯父态度也大变了，萧红成了孤家寡人。至今，我们已经很难感受父女间矛盾的火药味。

不久听说同学田慎茹因反抗封建婚姻，而遁入城里的天主教堂做了修女。萧红曾经去那里探望她，但被一位年长的修女拒之门外。萧红听说，贫苦出身的田慎茹因为相貌姣好，而被某权贵看中，欲娶她做妾。她的家人不敢有违，但她却严词拒绝。后来在与家人闹翻时，她就皈依了基督教。

如今在呼兰城里，被称做小巴黎圣母院的天主教堂依然完好如初，而这

里曾经发生的唏嘘故事却没有几人还能记起了。可是当年，正被升学问题困扰的萧红，突然想到可以用这样的例子迫使家人同意她的升学愿望。于是她就对祖父说：

> “我爸不让我外出读书，我也出家当修女。”
>
> ……
>
> 当年，我升学了，不过那不是什么人帮助我，是我自己向家庭施行的骗术。

由于她的坚持和祖父的同情，最后经过祖父几番斡旋，父亲终于同意让她去上中学了。于是，小学毕业一年后的1927年，渴望读书的萧红离开故乡的小城，来到松花江南岸的哈尔滨读中学。

这是任性又倔强的萧红经过奋争得到的结果。这一年，她刚满16岁。

欧风俄韵哈尔滨

当时的哈尔滨，已从一个默默无闻的江边渔村发展为具有异域风情的城市。

自从1898年中东铁路的开工建设，修铁路的俄国人和西方各国的商人们就纷至沓来、云集此地，很快这里就变成了冒险家的乐园。哈尔滨因铁路的修建而兴起，只经过了二三十年，它就迅速地从江边渔村成长为一座中西合璧、风情独特的北方名城。

在这里，城市面貌和市井风俗都呈现浓郁的异国情调：放射线形的街巷布局、方石铺成的道路广场、鳞次栉比的独栋洋房，和着尖顶教堂那悠远而绵长的钟声……令人仿佛置身于异国他乡，难怪当时就有人称哈尔滨为“东方莫斯科”、“东方小巴黎”。

当时哈尔滨的城区已经呈现三分天下的格局了：道外当时还叫傅家甸，是这里的老城区，闯关东的国人最喜欢在此落脚；道里当时称埠头区，是俄国人与中国人混居的地方，也是江边码头和铁路工厂所在地；而处于高地之上的秦家岗是中东铁路管理局所在地，铁路官邸与外国使馆都坐落于此，它就是后来的南岗……由于三地贫富悬殊、街貌迥异，用本地人的话形容：傅家甸是地狱；埠头区是人间；秦家岗才是高高在上的天堂。

那时的哈尔滨是一座只有30年历史的新城，它的开埠与成长是独一无二的。在华洋杂处的氛围中，先进的西方文明与古老的东方文化奇妙地碰撞又交融，让置身其中的国人和洋人都不得不同时接受两种文明的浸润。

1927年，来到哈尔滨的萧红进入东省特别区区立第一女子中学读书。从位于南岗中心地带当年学校的旧址看，这座原名为从德女中的学校条件还是不错的。几十年后，这所学校的老楼还在，它已被改名为萧红中学。

那时的萧红和许多新来的小女孩一样，既懵懂又好奇，城里中西合璧的西洋景已经令她们大开眼界了，学校里的一切更让她们感到十分新鲜。

中学生萧红

好友记忆中的萧红

在女一中的同学中，萧红有两个好友：沈玉贤与徐淑娟。后来徐淑娟去了南方；沈玉贤则一直在哈尔滨任教。多年以后，她们还记得当年的张乃莹，也就是后来的萧红。

在同学的眼里，张乃莹是一位随和沉静又有主见的女生。她中高个，身材匀称；面色白晰，椭圆的脸上有一双明亮的大眼睛；头发又黑又密，以至于两条很粗的长辫子坠得她总是微仰着脸……她喜欢穿蓝色的衣裳、黑色的裙子，一双白袜衬着黑色的布鞋，这也是当时典型的女学生装。

> 她很沉静，平时不太爱说话，她不仅和我住一个宿舍，而且就坐在我的后桌。上课时，她常常捧着小说偷偷地读，有时老师走到身边，她还不知道，于是，小说被没收了，她被批评一顿。有时，甚至被叫到校长室，再批评一顿。
>
> 在她读初中的三年里，可能把校图书馆中的鲁迅、郁达夫、郭沫若等作家的作品读遍了。当时校图书馆由美术老师高仰山兼管，他不仅借给萧红许多书……而且还教过萧红绘画。

当时的学校，本市的同学大都是走读，住在自己家里；只有外地同学才住宿在学校中。而这所学校的学生来源是参差不齐的，既有城里富豪和官宦家庭的子弟，也有普通百姓和贫困人家的孩子，同学之间的贫富差距还是很明显的。

萧红虽然不那么爱讲话，却是一位善于观察又富有同情心的少女。后来，在一篇名为《手》的文章里，她写下了同学王亚明的手的故事，以及这位虽然笨拙却很勤奋的同学无奈的失学。

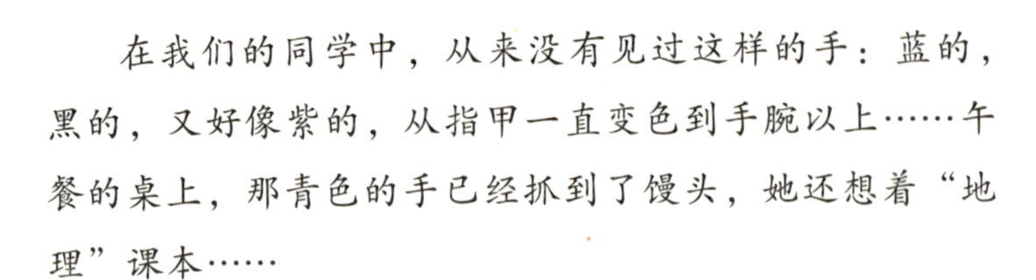

在我们的同学中，从来没有见过这样的手：蓝的，黑的，又好像紫的，从指甲一直变色到手腕以上……午餐的桌上，那青色的手已经抓到了馒头，她还想着“地理”课本……

夜里她躲在厕所里边读书，天将明的时候，她就坐在楼梯口。只要有一点光亮的地方，我常遇到过她。

她的眼睛完全爬满着红丝条；贪婪，把持，和那青色的手一样在争取她那不能满足的愿望。

……

王亚明的毡靴在楼梯上扑扑地拍着。父亲走在前面，变了颜色的手抓着行李的角落。

那被朝阳拖得苗长的影子，跳动着在人的前面先爬上了木栅门。从窗子看去，人也好像和影子一样轻浮，只能看到他们，而听不到关于他们的一点声音。

20年代哈尔滨街景

出了木栅门，他们就向着远方，向着弥漫着朝阳的方向走去。

雪地好像碎玻璃似的，越远，那闪光就越刚强。我一直看到那远处的雪地刺痛了我的眼睛。

当年的女一中现已改为萧红中学

因为这是一位染坊工人的女儿，显然她回家后要帮父亲干活，因此她的手看上去总是黑色的，就像没有洗干净一样，由此也常遭到同学的嘲笑……后来这位同学还是中途辍学了。在故事的结尾，望着离学校越来越远的王氏父女的背影，萧红的笔调充满了哀伤。

由于呼兰距离哈尔滨不远，每到周末萧红都要回家。虽然她与父亲的关系很紧张，但还是要靠家里的供给才能读书。这时她和继母梁氏彼此也很冷淡，在文章里她也流露出这样的心情。

回家不仅是经济的原因，还有一个更重要的原因：家里有慈爱的祖父！萧红上中学的时候，祖父已近80岁了。最近两年萧红发现，祖父显得特别衰老，还总是提到自己的不中用，这也让萧红十分忧虑，她害怕失去祖父这唯一的亲人。

爱好文学与绘画的女生

在学校里，萧红不但学到了文化知识，还开阔了眼界。由于主持办学的女校长孔焕书对师资的重视，学校的老师大多才华出众。

萧红的国文老师王荫芬是一位新文化的追随者。在王老师的引导下她读了许多新文化大家的

萧红的衣服

名作，不仅增强了时代感，作文水平也有了新的进步。当时，萧红的作文曾多次作为范文在学校的墙报上展示，这也给了萧红极大的鼓励。

学校里有一间挺不错的图书室，这让她有机会见识新文化大家的名篇佳作。在这里，她第一次见到胡适、鲁迅、郁达夫这些引领思潮的名字，读到他们那些充满新思想新观念的文学作品。

在哈读书期间，萧红就这样接受了新文化观念的熏陶。毫无疑问，那些具有强烈时代色彩和崭新思维方式的作品对她的影响是巨大的。

在学校里，她喜欢文学也热爱美术。因为哈尔滨这座城市从诞生伊始就深受外来文化的影响，艺术方面尤其如此。这里有中国最早的交响乐团；有当时还不多见的舞蹈学校；这里还有一批西洋画派的美术家……

就是在这种艺术氛围的浸润下，萧红喜欢上了绘画。她那双善于观察的敏锐的眼睛其实是很适合学画的。她经常参加美术老师组织的活动，同大家一起到户外去写生。

她还记得教美术的是高仰山老师，他经常带美术小组的学生们到户外活动，到松花江边、太阳岛上去写生，让学生在大自然中描

宋庆龄、鲁迅、蔡元培与国际友人在一起

绘美景、陶冶性情。就是在高老师的影响下，萧红对绘画产生了浓厚的兴趣。

自那以后，闲暇时萧红总喜欢信手画上几笔。她画的速写虽然简洁，倒也惟妙惟肖的，从她留下的不多的画稿中可以看到这一点。在上海时期，萧红寥寥几笔就抓住了伏案写作萧军的背影特征，画像虽简却精；到东京后，她在信中勾勒出住处的草图，透视关系也很准确。

后来在出版作品时，她也喜欢自己设计封面。如果不是成为一名作家，也许她会成为一位不错的女画家。

难忘的成长岁月

XIAOHONGYINXIANG

参加哈尔滨保路游行

1928年夏，在日本帝国主义威逼下，张作霖与其秘密订立了《满蒙新五路协约》，日本帝国主义企图通过修筑铁路来侵占东北全境。

当时的东北正处于奉系军阀张作霖的控制之下，对东北垂涎已久的日本人对张作霖威逼利诱，以便在东北攫取更多的利益。由于在张作霖那里碰了钉子，日本人在皇姑屯车站炸死了由京返奉的张作霖。很快，日本人准备趁其子张学良立足未稳时施行筑路。

消息传来，东北许多城市都掀起了反帝示威游行，民众还向领事馆提交抗议，反对日本侵略者假借修路而对东北施行的侵略活动。到

游行队伍经过正阳街路口

一一九哈尔滨学生游行队伍

11 月初，哈尔滨的学生也组织起来举行了游行示威活动。

11 月的哈尔滨已进入冬季，凛烈的寒风更增强了肃穆的氛围。不久，城里大中学校的学生成立了学生联合会。11月8日这天，他们决定在第二天即11月9日举行全市学生大规模的游行示威。

11 月9日，为了抗议日本帝国主义对东北的渗透，哈尔滨学生联合会组织“反对日本在东北修筑五条铁路”的示威游行大规模地展开了。几千名满腔热血的学生走上了街头，当时正在上课的萧红见证了这一幕，她还记得大学生们冲进女一中与校长对峙的场面。

你不放你的学生出动吗?……

我们就是钢铁，我们就是熔炉……

这一切好像有一场大事件就等待着发生，于是有一种庄严而宽宏的情绪高涨在我们的血管里。

……

“走！跟着走！”大概那是领袖，他的左边的袖子上围着一圈白布，没有戴帽子，从楼梯向上望着，我看他们快要变成播音机了：“走！跟着走！”

而后又看到了女校长的发青的脸……

“你们跟着他们去，要守秩序，不能破格……”

可是一出校门不远，连对这侮辱的愤怒都忘记了。向着喇嘛台，向着火车站……

小学校，中学校，大学校，几千人的行列……

在这次示威中，萧红和同学们一起积极地加入到队伍中。在从南岗往道外的行进队伍中，她和同学们始终一起高呼口号，以致声音都嘶哑了。队伍先来到日本领事馆前示威，随后前往教育部门和道外的官府进行抗议。

就这样，学生们一路步行从南岗走到当局所在的道外正阳街东头，后来这条街被改称为靖宇街了。多年以后，萧红在文章中记述了她当时的心情。

那时我觉得我是在这几千人之中，我觉得我的脚步很有力。凡是我看到的东西，已经都变成了严肃的东西，无论是马路上的石子，或是那已经落了叶子的街树。反正我是站在“打倒日本帝国主义”的喊声中了。

当年的尼古拉教堂广场

萧红诞生的老屋

尽管官府的态度令人失望，义愤填膺的学生们在傍晚时分悻悻而归；那条铁路最终还是修了起来，但这次游行还是深深地铭刻在萧红青春的记忆里。

当时的萧红还只是一个中学生，虽然她只有17岁，但这充满爱国热情的经历却让她终身难忘，也升华了她对民族尊严、对正义崇高的理解！

与汪家的亲事

据说还在萧红小学时期，经她的一位亲属牵线做媒，家人为萧红订了亲。对方姓汪，名恩甲，也是一位学生，他家在哈尔滨城西的顾乡屯。后来他曾在道外的滨江小学做代课教员。据见过他的亲属回忆，汪恩甲的形象也还说过得去。

以后，当萧红来到哈尔滨读中学时，两个人开始了交往。据说，最初二人的关系还好，因为中学的同班好友曾见到萧红为未婚夫汪恩甲织毛衣。

尽管女一中的校规很严格，不容许学生自由外出，外人来探望学生也要经过批准，汪恩甲还是来学校看望过萧红。据说在汪恩甲的父亲去世的时候，萧红还去参加了葬礼。

但后来，随着交往的加深，两人的关系逐渐发生了变化。可能萧红发现了汪恩甲的某些缺点甚至是恶习，明显地渐渐开始疏远他了。后来有人说这恶习可能指的是抽大烟；也可能随着萧红交往面的扩大，她的见识让看法改变了许多。

差不多就在毕业前，萧红结识了法政大学的学生陆振舜。也有人说陆振舜是她的表亲，是阿城老家那边一位亲属的亲属。通过与陆振舜的接触，萧红还认识了他的几位同学，后来她到北京读书的时候，这些年轻人也成了她的朋友。

祖父去世痛失亲人

在哈读书期间，萧红每次回到家中，对祖父的牵挂就会增加几分。见到弯腰驼背日见衰老的祖父，听到老人越来越糊涂的言语，一种不祥之感跃上心头，她知道祖父的时光已经不多了，她知道……她不敢继续往下想了，她怎么能离开祖父呢！

然而，最终噩耗还是来了。在祖父度过80岁寿辰的第二年，1929年6月的一天，正在学校的萧红听到了她最不想听的消息：祖父去世了！

她不知道自己是如何回到呼兰的；她不知道家里那么多人都在忙些什么；她也不知道没有祖父的日子她会怎样度过……木然的她任由家人的安排，蹒跚在乡间送葬的行列里，脑子里满是祖父的音容笑貌：

> “爷爷，樱桃树为什么不结樱桃？”
>
> 祖父老远地回答道：
>
> “因为没有开花，就不结樱桃。”
>
> 再问：

"为什么樱桃树不开花?"

祖父说:

"因为你嘴馋,它就不开花?"

我一听了这话,明明是嘲笑我的话,于是就飞奔着跑到祖父那里,似乎是很生气的样子。等祖父把眼睛一抬,他用了完全没有恶意的眼睛一看我,我立刻就笑了……

不知是哪里来了那许多的高兴,把后园一时都让我搅乱了……

离开故乡多年以后,那铺天盖地的白布黑纱、那透入骨髓的悲凉茫然,依然会在她的梦里出现。那以后,萧红就没有了回家的动力:最疼她的祖父不在了;二弟秀珂还少不更事;父亲的目光已经变得"令人发抖"了;继母的"客气"里透着冷漠……

自那以后,在萧红寂寞的心底,唯有祖父温暖的笑脸令人难忘!如果说萧红出生等于是送给祖父的厚礼,那么祖父的关怀就像上天馈赠萧红的一份浸满亲情的珍宝!在后来漂泊异乡的日子,在作家思念故人的文字中,墨色最浓的就是祖父那温暖的形象!

要读书逃婚赴京

XIAOHONGYINXIANG

萧红在哈尔滨

毕业了我该去哪里

1930年夏天，萧红即将初中毕业了。在那个时代，女孩子能读到中学已经不错了，社会上大多同龄女孩子都已经出嫁了，张家自然也会有这样的看法。

可是喜欢读书的萧红并不满足，看到几个要好的同学都有了继续读书的机会，她心里很着急。又听说几个熟悉的外校学友去外地读书了，她的心里就更急了。

就在此时，汪家提出了结婚的要求，希望萧红毕业后就举办婚礼。看来此时萧红已经发现了汪的缺点，这影响了两个人的关系。对于马上结婚她是不情愿的，可是家里的态度却是让她尽快完婚。这等于给父女矛盾雪上加霜，不善于沟通的两代人就这么僵持起来。

在无奈之际，萧红私下里同要好的同学商议办法。在同学的支持下，她最后下定决心抗婚出逃。这一切都是几个要好的朋友秘密策划的，可是出逃却是需要钱的，这真难坏了萧红。虽然家里每个月都会给她一些生活费，但是这钱已经所剩无几了。

这时候，从已经到北京读书的哈尔滨同学那里，萧红了解了北京学校的情况。而与她熟悉的陆振舜已经决定去北京。得知这些信息后，她决定自己也去北京。

不久后的7月，在得到家里一笔办嫁妆的钱款后，萧红先是到服装店里做了一件新大衣，随后就同陆振舜结伴去了北京。在北京，他们找到一处离学校不远的平房院落住了下来。

逃婚离家的叛逆女

不言自明，萧红的抗婚出逃在家里引起了轩然大波，而且在呼兰城里也会不胫而走。在那个时代，这无异于重磅炸弹，绝对是惊世骇俗之举，无论是亲属还是乡人都是难以接受的。那以后不久，得知二人行踪的张家与陆家都断绝了经济供给。

萧父张廷举一生职业都和教育有关，他曾做过教员、督学、县教育局执事等工作，应该是一位有文化的士人。这样的身份再加上那样的时代背景，对于违背父命又叛逆传统的女儿，他应该是最难接受的。

还有更令张廷举无法释怀的尴尬，他无法面对汪家的不满和乡人的指责。一位有身份的绅士家里竟然出了这样一位叛逆的女儿：不践

婚约还弃家出逃……自己多年从事教育，女儿却做出如此辱没家风之举，他怎么还能继续在本地供职呢。

再加上这几年父女关系恶化的种种矛盾冲突，张廷举的愤懑心情可以想见。与这样的女儿断绝关系是迟早的事。后来在修家谱的时候，气恼的张父就没有写上女儿的名字，这等于是开除了女儿的族籍。

在萧红父女的矛盾中，父亲养子的身份和内向的性格会影响他与女儿的沟通，因此僵局就很难打破；而女儿的任性既有从小被祖父娇宠的因素，也有幼年丧母、亲情缺失而引发的逆反与倔强。于是，双方尖锐对立的矛盾就很难化解了。

直到萧红去世多年以后，晚年的张廷举才表现出对女儿的认可。据说晚年的他写了一幅赞扬儿女的长联贴在门上；还拿着萧红的作品向相识的人介绍。

在北京读书的日子

来到北京之后，萧红与陆振舜先是临时借住。很快，他们在学校附近租下了一座小院里的两间平房。那是位于二龙坑西巷的一座简陋小院，分为里院和外院。开始时他们住在里院，每人独住一间，后来由于经济窘迫又搬到外院居住。

男装的萧红

萧红很快就进入住地附近的北师大女附中听课；陆振舜则在一所大学学习。当时，几位与陆相识又在北京读书的哈尔滨三育中学的同学也时常来小院聚首，他们常常海阔天空地谈天说地，直到深夜。

一位当事者回忆了当时的场景：萧红将院中枣树下的枣子收起来，放在锅里加进雪水就煮成了“雪泥红枣”……年轻人在一起真是苦中有乐啊！

在京期间，萧红曾剪过短短的男式分发，又穿上时尚入流的西服，留下一张很有异性风采的洋装照片。不错，在萧红的个性里的确蕴含着这种阳刚的中性的因素，这与当时人对女性的看法是大相径庭的。

在北京，萧红自称是陆振舜的外甥女，这是为免去猜疑的方便之举。据说此时的陆振舜已有妻室，他来京是读大学的。在小院里，萧陆二人各居一室。

后来有当事人回忆：一次，萧红对陆的非分之想很生气，为此写下一封信给一位好友看。由此还引发了令人不快的纠纷，那好友将陆振舜斥责一番。最后此事自然不了了之。

萧红在北京的住处

由于家庭的封锁，他们的生活很快就陷入了困境。冬季来临时，萧红甚至没有棉衣可穿，在上课的同学中她的衣着是最单薄的。看到没有棉衣的萧红在寒风中瑟瑟发抖，女仆耿妈就找来棉花絮进萧红的夹袄中。即使如此，他们在北京也待不下去了。

在两家家长的施压下，1931年春节前，二人决定回到东北，各自返回家中。尽管萧红很不情愿接受这样的结果，她也别无选择。从她当时留下的一首诗文里，我们看到了她的无奈与惆怅。

与汪家对簿公堂

出人意料的是，就在1931年春节过后，萧红返回哈尔滨不久，她居然和汪恩甲一起又来北京了。不过这次二人来得突然，汪恩甲的出现也让亲历者记忆犹新。

据当事者李洁吾回忆，一天他去陆振舜处，不巧人没在家，丁

是就到萧红屋里聊天等待。此时敲门进来一男子，萧红见了很窘，就介绍说这是汪先生。

汪恩甲坐下后并不说话，挺不自然地掏出几个铜板来反复摆弄，让屋里的气氛变得十分尴尬。李洁吾见状，急忙告辞离开了那里。

这次来京，可能是萧红向家里妥协的结果。在京期间，萧红经常同汪恩甲一道出去，花费也比以前多了，他们可能是来购物的。

不久后，萧红随汪恩甲回到哈尔滨，看来二人开始筹办婚事了。可是曾经为弟弟婚事牵线的汪家大哥汪恩厚却节外生枝了。他听说了萧红离家赴京的事，恼怒地要求弟弟汪恩甲立即弃约退婚。

面对如此尴尬的局面，不仅萧红异常气恼，张家也很难接受。于是萧红将代弟退婚的汪恩厚告上了法庭。开庭那天，除了萧红的几个同学到庭助威，萧父张廷举也在场。出人意料的是，在法庭上，汪恩甲为了顾全大哥的声誉，居然承认是自己要退婚的。

汪恩甲的软弱行为激怒了萧红，也惹恼了张家，两人的关系就此陷入僵局。这尴尬的局面一下子让张家很难收场了。

周围人的白眼不说，萧红逃婚的风波也大大地损毁了张廷举在乡人心目中的形象。于是他决定让家人暂时搬回阿城福昌号村的老家去住。

成人质被困旅馆

XIAOHONGYINXIANG

被软禁在阿城老家

由于家境愈下，也因父亲在阿城的大家庭还没有分家，于是作为大家庭成员的呼兰张家暂时回到了福昌号村。这时，张廷举已经离开呼兰到更远的县城任职，家里只有继母梁氏和几个弟妹。

去阿城无论有多少理由，其中的一个理由是不可回避的：就是要严密地看住萧红这个不循规蹈矩的女儿。就这样，萧红被带到了阿城老家，在这里她被家人严密地看管起来，实际上是在乡下被软禁起来，等于失去了人身自由。

在阿城老家，年长的家长们义不容辞地看住了桀骜不驯的萧红；家里其他人也将她看做异类；只有小姑和小婶是她的同龄朋友。而那位曾经看好萧红的大伯父竟也用不屑的眼神鄙视她了。

现在萧红不仅身陷“重围”难以挣脱，而且还要饱尝心灵的孤独寂寞。幸好偶尔可以向同情她的小姑、小婶倾诉，否则她真要崩溃了。

不过这次在乡下的软禁对于萧红并不完全是坏事。就是在那里，已经长大的萧红亲眼目睹了乡村民众悲惨而真实的生活。她同情那些穷佃户们的遭遇，甚至为消除他们的苦难而与长辈发生了矛盾。

但她毫无解决问题的办法，只能眼睁睁地看着他们被悲惨的命

当年的闯关东人家

运折磨和摧毁。正是得益于在呼兰和阿城的耳闻目睹，萧红在后来的作品里，才会以同情的笔调记述那些乡村人物的悲剧故事，以及由他们的悲苦而引发的深刻思考。

后来在小说《王阿嫂的死》中，萧红将亲眼见到的乡村悲苦记录了下来：

> 王阿嫂拉着小环，每天在太阳将出来的时候，到前村广场上给地主们流着汗；小环虽是七岁，她也学着给地主们流着小孩子们的汗。
>
> ……
>
> 妈妈……你不要……我了！
>
> 妈妈，跟……跟我回……回家吧……
>
> 王阿嫂就这样死了！新生下来的小孩，不到五分钟也死了！
>
> ……
>
> 林中睡着王大哥和王阿嫂的坟墓……

囚禁的生活就这样从春到秋地过去了，几个月的“囚禁”让萧红再也无法忍受。不知不觉中，她变得更加留恋学校、思念恋人了……这时，一个大胆的想法悄悄产生了。

不久，在1931年深秋时节的一天凌晨，在那位同情她的小婶的帮助下，萧红偷偷地坐上了一挂进城送菜的马车。她勇敢地逃出了阿城老家，也逃出了众人的监视……但是这重新获得的自由，差不多是以与父亲和家庭决裂为代价的。

饥寒交迫与汪合好

就这样在秋凉时节，无处投靠的萧红一个人逃回了哈尔滨。毕竟这是她读书三年的城市，有熟悉的同学和朋友，还有她曾经的欢乐时光。

由于离开时身上没有多少钱，这一段生活几近流浪。她曾回到学校，挤住在低年级同学床上；她曾晚上住同学家，白天上街闲逛打发时光；甚至在无家可归的夜晚，还在一位人老色衰的妓女家过了夜……

那段时间在哈尔滨的大街上，表弟张秀睿偶遇衣衫单薄的萧红，他们走进了路旁的一间咖啡店。看到形象窘迫的表姐，表弟不由得劝她回家，劝她尽量缓和与父亲的关系，可是执拗的萧红决然地摇了摇头。

也许是因为清早或天寒，再没有人走进这家咖啡店。在弟弟默默地看着我的时候，在我的思想凝静得玻璃一般平的时候，壁间暖气管小小嘶鸣的声音都听到了。

“天冷了，还是回家的好，心情这样不畅快，长久了是无益的……”

“为什么要说我的心情不好呢？”

……

渺小的同情者和被同情者离开了市街。

“莹姐，我看你还是回家的好。”

“那样的家我是不能回去的，我不愿受和我站在两极端的父亲的豢养……”

那以后，饥寒交迫的萧红自然想到了未婚夫汪恩甲，毕竟他们已经交往多年，彼此间的感情应该还是存在的。很快，汪恩甲与走投无路的萧红见面了。最后，二人住进了道外东部的东兴顺旅馆，他们同居了。

旅馆同居成人质

位于道外十六道街的东兴顺旅馆

东兴顺旅馆是一座典型的中华巴洛克式建筑，它就坐落在道外正阳街与十六道街的转角处。从旅馆装饰富丽的外形看，它是一栋典型的二层西式洋房；从内部看，它又带有明显中式结构的走廊和木梯。这是老道外典型的中西合璧建筑，被称为中华巴洛克式建筑。

当年道外像样的商业建筑多属于这种类型，因为道外是哈尔滨开埠的老城区，也是国人聚居的地方，中西合璧就成了这里的建筑特色。东兴顺旅馆前面就是闹市，大小商铺加上满街地摊倒也人流如注；旅馆南侧就是著名的圈楼，那是青楼、烟馆最多的地方。

到1932年春，久居旅馆的萧红和汪恩甲已欠下600多元的食宿费。他们当然是无力偿还的，住所也被换成了走廊尽头装杂物的黑屋子。

旅馆的院内

那以后的一天，汪恩甲说要回家去取钱，结果是一去不归、踪迹皆无。已经怀孕的萧红曾去顾乡屯的汪家找他，结果被汪家人拒之门外。

后来的事实告诉我们，汪恩甲从此再也没有任何信息了。无论是家庭的阻拦，还是他本人的不负责任，对萧红来说都是同样的结果：她被始乱终弃了！

接下来，留在旅馆且怀有身孕的萧红处境更糟了。旅馆老板怕他们欠债不还，像扣留人质一样看住了孑然一身又大腹便便的萧红。

而这家旅馆附近就是哈尔滨著名的“圈儿里”，这里和稍远一点的“桃花巷”都有许多妓院和烟馆。萧红面临着被卖抵债的人身危险，如果不能如期还债，她就会陷入火坑。

身陷囹圄又万般无奈的萧红真是一筹莫展，每天都在饥饿与煎熬中度日。当她听说老板已经准备把她卖入青楼抵债时，她彻底绝望了！谁能拯救她呢？

困境中邂逅萧军

XIAOHONGYINXIANG

绝望中求救报馆

那时，哈尔滨已经有了几家俄文报刊和几家中文报纸。其中，东三省商报的副刊《原野》和《国际协报》的副刊常刊载社会新闻和文学作品，很受市民读者的欢迎。

困居旅馆时，爱读书的萧红总想法找些旧报纸来打发时光。报上那些奇闻逸事是引人关注的，看得多了印象就很深刻。也许是急中生智，此刻她首先想到的就是写信给报馆求助，因为除此之外，她已经没有别的办法了。

于是，走投无路的萧红坐了下来，急忙给报馆写了一封求救信，声称自己是一个流亡学生，现在遇到了困难。萧红首先将信发往她平日里喜欢读的《原野》副刊。

编辑先生：我是被困在旅馆的一个流亡学生，我写了一首新诗，希望在你编辑的《原野》上能够发表出来，

在这大好的春光里，可
以让人们听到我的心
声。

于是，她将自己抄好的新诗《春曲》也随信寄了过去。不过她的信并没有引起编辑方未艾的注意，稿件也被暂时搁在了一边。

由于形势紧迫，萧红将第二封信寄到了《国际协报》副刊编辑部。在信里，她急切地声称有人要“卖人”了，向报馆紧急求救！

很快，《国际协报》副刊编辑裴馨园收到此信。一位落难女子的困境紧紧地钳住了编辑部里众人的心！老裴很快派人去旅馆查看情况。据说，是舒群与一位作者先来到东兴顺旅馆的。他们探望并安慰了萧红，还向旅馆老板表明了自己的报馆记者身份，

据说见到记者后，旅馆老板的态度缓和了一些。因为老裴已经明确表示：萧红的债务报馆会协助解决的。危机暂时缓解了，但是什么时候才能真正脱险呢？

几天以后，应萧红的请求，老裴又派正在报馆帮助编稿的萧军带几本书刊去旅馆探望。就这样萧军带着使命来到了东兴顺旅馆。

落难之际二萧相识

生于1907年的萧军是辽宁人，出身于农民家庭，幼时读过私塾。他早年进入辽宁的东北陆军讲武堂学习，因打抱不平得罪了教官，在毕业前夕被开除了。后来，他又做过兵营里的教官。

1931年，九一八事变后东北沦陷。因策划组织抗日义勇军的事情败露，他在吉林的军营中待不下去了。就在这一年，隐名埋姓的他辗转来到哈尔滨谋生，这已经是他第二次来这里了。

初来哈尔滨的他，在这里做过见习宪兵、教过武术、写过文章，总之做了可以谋生的许多事。到1932年时，他已经以三朗的笔名在报上发表过短篇作品。

在遇到萧红的日子，他正在《国际协报》副刊编辑裴馨园那里，协助编辑近期要出版的儿童特刊的文稿。据萧军回忆，在报馆的办公室里，他听说了萧红的事情，但当时对这件事并没有特别在意。

在旅馆首次见到了“被困人质”，萧军记下了他初见萧红的印象：住在走廊尽头一间黑屋里的萧红脸色苍白、头发蓬乱、衣衫不整，微微隆起的腹部表明了她的孕妇身份……在萧红阅读老裴的介绍信的时候，萧军环顾了四周，他还注意观察了窘境中的萧红：

> 她双眼定定地似乎把那信不止看过一次。她站在地中央屋顶上灯光直射下来的地方，我发现她那擎举看信纸的手指纤长蜡型似的双手有着明显的颤动……
>
> 她整身只穿了原来是蓝色如今显得褪了色的单长衫，“开气”有一边已裂开到膝盖以上了，小腿和脚是光赤着的，拖了一双变了形的女鞋；使我惊讶的是，她的散发中间已经有了明显的白发，在灯光下闪闪发亮，再就是她那怀有身孕的体形，看来不久就可能到临产期了……

其实，来的时候萧军就无意久留，他将书刊交给萧红后就打算离开。可是，萧红的有意攀谈让他停下了脚步，于是两个人聊了起来。

萧红快捷又坦率地介绍了自己的经历，慢慢地萧军感到对方并不是一个普通的落难女子。这时他看到床边的信纸上，有她随手描绘的图案和勾勒的魏体字，还有她自己创作的新体诗，这一切很快就让他刮目相看了。后来，萧军记下了他的感受：

> 这时候，我似乎感到世界在变了，季节在变了，人也在变了，当时我认为我的思想和感情也在变了……
>
> 出现在我面前的是我认识过的女性中最美丽的人！也可能是世界上最美丽的人！她初步给予我那一切形象和印象全不见了，全消泯了……
>
> 在我面前的只剩下一颗晶明的、美丽的、可爱的、闪光的灵魂！
>
> 我马上暗暗决定和向自己宣了誓：
>
> 我必须不惜一切牺牲和代价——拯救她！拯救这颗美丽的灵魂！这是我的义务……

萧军十分同情萧红怀孕被弃的遭遇，行伍出身的他从来就个性豪爽、疾恶如仇。可是此刻，面对萧红令人担忧的处境，当时只是一介文人的萧军却也无计可施。临行时，萧军将口袋里仅有的5角钱留给了萧红。

谈文论诗牵起情缘

几次见面，二人都很自然地聊起文学，原来这正是他们共同的志趣爱好。看过老裴的信，萧红才知道萧军就是在报上写文章的三朗。她看过他的文章，也很喜欢他的文章，她甚至立刻就从床上拿起那张有萧军文章的报纸来。

那以后，萧军又几次来旅馆看望萧红。交谈中，他更加认定面前的女子绝不平常，她的谈吐表明了她的学识，她的见解也让他产生了共鸣。

一次交谈时，萧军无意中瞥见萧红随意丢在床上的几张诗稿。他的发现引出了萧红的解释，这正是她后来在报上发表的小诗《春曲》等作品的草稿。

那边清溪唱着，
这边树叶绿了，
姑娘啊！春天到了！
……
去年的五月，

正是我在北平吃青杏

的时节；

今年的五月，

我生活的痛苦，

真是有如青杏般滋味！

萧军发现，萧红的小诗不仅意境清新、情感真挚，她的字也写得很好，这真是一位才学出众的女性啊！看来，这一对喜欢谈文论诗的年轻人的确十分投缘。

没过多久，他们就像是老朋友了；又见了几次面，二人仿佛一对相知相契的情侣了。在此之前，萧军已将妻子遣回老家。在这里他毕竟是孤身漂泊，生存状态也是很艰难的。从这个角度看，两个人的处境竟有几分相似。

毫无疑问，萧军的出现为萧红增添了与命运抗争的勇气，可是接下来事情的转机却完全出人意料。虽然人们常说“天无绝人之路”，但是要救人，报馆里的几位文人又能有多大力量呢？

正当众人一筹莫展之际，竟然是天随人愿！哈尔滨的一场大洪水解救了萧红！这真是一次戏剧性的天赐良机啊！

遇洪水幸而逃生

XIAOHONGYINXIANG

1932 年的中央大街

1932 年哈尔滨大水

当众人一筹莫展之际，一场突如其来的天灾反倒帮了大忙。

1932 年8月，像往常一样，松花江涨水的季节又来到了。可谁也没有料到，这一年的水来得既大又猛。从7月到8月，哈尔滨居然连续降雨27天！连日的暴雨使松花江水猛涨，大水很快就冲垮年久失修的江堤，漫入了城区。

其实，沿江而居的哈尔滨本来就兴起在低地上。道外、道里两个城区就是昔日的江滩，随着移民大增，这里渐渐形成了大街小巷，变成两个人口密集的老城区；高高隆起的南岗就像一条倚江而卧的长龙，其实它就是昔日的江堤，后来河道北移它才远离了江边，而这里正是全城的制高点。

8月7日，咆哮的洪水首先冲破了道外九道街的江堤，淹没了低洼的道外城区。第二天，江水又从顾乡涌进了道里……这场洪水将哈尔滨整整浸泡了30天才慢慢退去。

8月7日凌晨的道外江边，正在低矮棚屋里熟睡的人们被一阵喊声惊醒：洪水已经到了床下！原来道外九道街江堤决口了!决口越来越大，连绵100多米的江堤接连崩塌了。

汹涌的洪水倾斜而下，整个道外顿时陷入一片汪洋。人们惊叫着、呼喊着，携家带口、慌不择路地向高处的南岗奔去……

据住在道外老城区的当事者回忆：那时街上水深的地方已经没过腰了，装满逃难者的舢板就在大街小巷里驶过；没船的人就用木箱木盆推着孩子和家什；一无所有的穷人只好头顶着包裹趟水逃生……

城里地势最高的南岗是唯一没有被淹的地方，这里的极乐寺和毛子坟附近的岗坡上，挤满了仓惶而至的逃难者。一天之内，这里就到处都是逃难者搭起的席棚了；没席子的穷人只能宿在露天地里。

水灾之中绝处逢生

离江堤不远的正阳街是道外最繁华热闹的地方，它也是这场洪水的重灾区。当灾难突然降临的时候，无数的商铺在一夜之间就倒闭了。东兴顺旅馆恰恰就坐落在正阳街与十六道街的转角处，它当然也不能幸免于难。

大水中被淹的民房

洪水中，东兴顺旅馆已是一片狼籍，旅馆老板不见了踪影；杂役们自顾不暇地忙着逃命；已经没人再顾及萧红这个“人质”了。

混乱中萧红手忙脚

水中街景

乱，却无计可施……她焦急地站在窗口，恳求一只过路的柴船搭救自己。也许看出萧红是行动不便的孕妇，也许看出她也是个穷人，慌忙逃难的船夫动了恻隐之心，于是让她上了自己的小船。

就这样，萧红被载出了软禁她几个月的旅馆，脱离了令她恐惧的危险境地。离开已是水乡泽国的道外后，萧红唯一的念头就是去道里找萧军。

听说道外被淹的消息，萧军忙乱地四处奔波。匆忙之中他找到一条船，急着赶往东兴顺旅馆去营救萧红。可是当他费尽周折赶到旅馆时，却扑了个空，原来萧红早已离开那里了。这下子萧军可急坏了：她是个孕妇又独自一人，此刻能去哪里呢？

傍晚时分，失望地回到道里的萧军特别沮丧。没想到，他却在老裴家见到了逃出来的萧红！她是按着萧军给她的地址辗转找到这里的。喜出望外的两人总算相聚了，萧红出人意料地脱险了，她几乎不敢相信这从天而降的自由。

寄人篱下孩子出生

两个年轻人终于走到了一起，突然获得的自由让两人特别兴奋。尽管当时穷得很寒酸，他们还是出双入对地谈文学、去江边、逛公园。这可能是爱情的力量，也是因为他们正年轻……

那以后不久8月底的一天，萧军将临产的萧红送进背靠江边的市立医院。多年以后，萧军还记得当年医院的旧址，它已经被改成

1932年秋二萧在道里公园

了市里的儿童医院。他记得那个窗户正是他当年进出的地方，因为他拿不出住院费，所以只能躲开医生偷偷地跳窗进来看望萧红。

在医院里，虚弱的萧红生下了一个女孩。可是贫困剥夺了她做母亲的权力，她别无选择，孩子很快被送了人，据说送给了道里公园的一位看门老人。

从此这个女孩就杳无音信了，假如她还活着，现在该是近80岁的老人了。据说，萧红离世前曾嘱咐端木蕻良，有了机会一定要代她寻找那个孩子。

这时的二萧居无定所。他们先在老裴家住了一段时间，后来由于忍受不了老裴的一位亲属老太太的白眼，他们才搬走的。按萧红的记述，他们差不多是被赶了出来。

离开老裴家后，他们曾在道里新城大街上的欧罗巴旅馆暂住，今天这条街已经改称尚志大街。不过如今，欧罗巴旅馆已经被加盖成五层楼了，而当时那旅馆只有三层。

他们就住在旅馆顶层的阁楼里。由于老板看出他们没钱，于是他们只能享受空荡荡的阁楼和没有被褥的草垫床，甚至连喝水的杯子都没有。由于口袋里没有钱，他们总是饥肠辘辘的，以致萧红看到别人房门上挂着面包圈，她垂涎得几乎想偷来充饥：

> “列巴圈”挂在过道别人的门上……
>
> 我不愿醒的太早。可是已经醒了，同时再不能睡去。
>
> ……
>
> 轻轻扭动钥匙，门一点响动也没有。探头看了看，“列巴圈”对门就挂着，东隔壁就挂着，西隔壁也挂着。

天快亮了！牛奶瓶的乳白色看得真真切切，“列巴圈”比每天也大了些，结果什么也没有去拿，我心里发烧，耳朵也热了一阵，立刻想到这是“偷”……

过了好久，我就贴在已关好的门扇上……我抱紧胸膛，把头也挂在胸口，向我自己心说：“我饿呀！不是‘偷’呀！”

……

从昨夜到中午，四肢软弱一点，肚子好像被踢打放了气的皮球……

后来，萧红将这段饱受饥饿煎熬的心酸感触写进了她的作品《欧罗巴旅馆》和《饿》中。她描述了由于饥饿病痛几乎爬不动楼梯的那一幕；也记下了她望着别人的面包圈饥饿难耐的感受。

二萧于商市街住处前

萧红生产的市医院旧址

二萧住过的欧罗巴旅馆，不过当时它只有三层楼

发诗文初试写作

XIAOHONGYINXIANG

二萧在哈尔滨

商市街的贫苦生活

不久，萧军谋到一个做家教的机会，条件是他们可以免费住进道里商市街（今红霞街）25号院里的一处低矮平房中。

商市街是道里中央大街西侧的一条小街，当年这里该是货摊成片、人流熙攘的喧闹市场，故而得名商市街。从当时留下的照片看，院子里的二萧住所差不多更像一个棚子。可就是在这里，二萧度过了他们在哈生活最初的苦涩时光。

二萧的商市街住处

那时的萧军总是忙于生计，四处寻找打工的机会；而在家的萧红又总是在饥寒交迫中度过，她常常为没有黑面包而发愁，也为得不到一块取暖的木柈而失望……没有钱的时

二萧在道里公园

候就只能饿肚子，那饥肠辘辘的滋味让萧红痛彻肺腑。

像在乡村一样，在城市繁华的外表下，底层民众的生活也是凄惨的。在萧红周围就生活着许多城市贫民，她敏感又深切地体验到现实的苦难，这些经历与见闻成为她日后创作的重要题材。

关于商市街的记忆实在太多，后来在上海，萧红记下了这段生活的点点滴滴。她将这些短篇作品集结成册，出版了自己的第一本散文集《商市街》。可以想像，如果没有这一段经历，萧红就不会对底层民众有那么深切的同情。

如今，从《商市街》这本并不太厚的册子里，我们可以看到二萧在哈尔滨生活的“悲惨世界”；还可以看到女作家当年的许多经历。

几十年后，一位也住在商市街杂院里的市民，记下了他儿时的见闻。他想起了关于一位大姐姐的往事，按他的描述那应该就是萧红。

二萧（左一、左二）与友人舒群（左四）、裴馨园（右二）等合影

文学是她的最爱

不久，萧红的第一首小诗《春曲》在国际协报的副刊上发表。见到自己的作品出现在报纸上，萧红受到了巨大的鼓舞。随后，她又发表了一篇描写民众苦难的作品，也是她的第一篇散文《弃儿》。

那以后，当萧军离家去打工时，她就在冻得伸不出手来的屋子里，趴在坑坑洼洼的木桌上写文章。不久，当报馆进行新年征文时，在萧军的鼓励下，萧红又发表了自己的小说《王阿嫂的死》。

随后，她相继发表了《哑老人》《小黑狗》等几篇短文。这些作品塑造了一个又一个在悲苦中挣扎的小人物，其情节多取自于萧红亲身经历或耳闻目睹的社会现实。

为了谋生，萧红还曾去一家广告行打工，盼望用她的画笔换回一点钞票。可是老板并不满意这个打工女，结果在几天的辛劳之后，她被解雇了。她什么也没有得到，反而引来了家庭矛盾。后来她在作品《广告副手》中记下了这段经历。

此时二萧虽然生活清苦，精神却很饱满。松花江畔、道里公园、中央大街都留下了两个人年轻的身影。从当时留下不多的几张照片中，我们能够看到两个年轻人的生活状态。

他们穿戴得追逐潮流却有点寒酸，萧红那破旧的皮鞋十分“露怯”，可是二人却手提乐器招

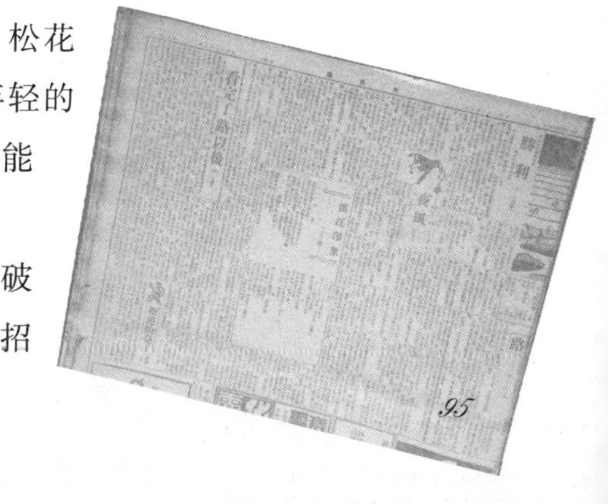

萧红(右一)与友人白朗(左一)等合影

摇过市，一副浪迹天涯的形貌。一位当事者曾在中央大街上见到十分引人注目的二萧：

> 萧军脖子上系着黑色蝴蝶结，手拿一把三角琴，还边走边弹；萧红身着花布短褂、黑色学生裙，脚上却穿着萧军的尖头皮鞋。他们边走边唱，像流浪艺人一般……
>
> 当时二萧以卖文为生，生活很艰苦，但从情绪上看，却很快乐。

从二萧在道里公园与友人的留影中，也可以看到他们苦中有乐的淳朴笑容。无疑，是文学创作让他们有了共同的生活目标。此后通过萧军，萧红结识了哈埠的许多文人。

一群有追求的文化人

哈尔滨开埠之初，最先在这里进行文化开拓的都是俄国人。随着铁路雇员日渐增多，文化娱乐就提上了日程。紧接着，城里设了公园，江畔建起餐厅，江北太阳岛上出现了俄式风情的度假别墅……不久，学校、乐团、画坊、马场都从无到有地建立起来了。

最初，有人在餐馆酒肆里安排音乐歌舞表演；接着有人将电影与戏剧引到这里；很快又有人办起了报纸杂志。当然，最初它们都是俄文的，因为它们的读者大多是俄国人。

于是，本地的国人也不甘落后，他们想方设法筹措经费，艰难地办起了中文报刊。到了30年代，随着城市的扩大，街上已经有几家国文报纸了。不过在当时，为报社撰稿的小文人们生活是很艰难的，他们差不多总是捉襟见肘、忍饥挨饿。

但是好景不长，自1932年除夕日本人占领这里后，对文化的监控也日益严酷起来，不合他们胃口的文字是不能出版的，这让许多报人都彷徨在十字路口。有人转而写无关痛痒的歌功颂德文章；有人迎合低俗写一些香艳猎奇的小说；还有人转而选择其他的谋生之道……

可是，还是有一批有追求的年轻人不甘寂寞。他们变幻形式想方设法地在一些报纸的副刊上发表诗文、创作插图，努力地表达自己的声音。有幸的是，萧红最初接触的文人就是这其中的一群，这给她日后的发展带来了重要的影响。

这段时间，二萧和本埠文化界的报人、作家、画家有了最初的接触，他们的许多老朋友都是在这时认识的：裴馨园、

罗烽、白朗一家

二萧(右一、右二)与罗烽等友人合影

哈尔滨时期的二萧

金剑啸、舒群、罗烽、白朗、金人、冯咏秋、塞克、姜椿芳……后来，其中好几位都成为“东北作家群”的中坚力量。

当年那群小文人

XIAOHONGYINXIANG

二萧在道里公园

赈灾画展与星星剧团

在此期间，二萧还参加了一些文化活动，如响应金剑啸筹办的赈灾画展、参加冯咏秋之宅“牵牛房”的文化沙龙、加入“星星剧团”排演新话剧……

1932年水灾之后，面对灾民数量大救援难的局面，社会各界都发起了赈灾救援活动。本地一些著名画家想到要举办一个赈灾画展来募款济灾。

不久，金剑啸与画家们联系好，“维纳斯助灾画展”将在道里石头道街宴宾楼饭店的楼上举行，这是一座高雅气派的楼房，当年也是很讲究的饭店。多年以后，它成了市政府的办公楼。

为了参与这次活动，萧红也有两幅画作入展。由于她特别喜欢画静物，这两幅画作也是同样的静物题材：一幅画的是萝卜；一幅画的是旧皮鞋与杠头烧饼。由于当时展画卖画还是一种曲高和寡的事情，这次画展最后是无果而终。

1933年夏，二萧还参加了朋友们自发组织的“星星剧团”，这群年轻人策划排演了当时正流行的新式话剧。他们找到几个剧本进行筛选，最终确定排演辛克莱的《小偷》和女作家白薇的独幕剧《娘姨》等几部剧作；还找到一处叫做民众教育馆的排练场所。

有趣的是，这次他们选择了女作家白薇的一部作品，萧红还扮演了其中的一个角色。后来得知，女作家白薇有一点同萧红很相似：就是二人都得到了鲁迅先生的力荐。

在从夏到秋的日子里，罗烽、金剑啸、白朗、白涛、刘毓竹、徐志、萧红、萧军等人忙于剧务与排练，萧红扮演了《娘姨》中的一个老妇；萧军扮演另一部剧中的小偷……不料就在9月即将演出的时刻，他们几个月的辛苦却付诸东流，因为剧场的老板不喜欢他们的剧目。

街边花园里的“牵牛坊”

在参加剧团的活动时，二萧结识了文人沙龙牵牛坊的主人冯咏秋。他是一位才华出众画家，也是一位儒雅的文化名士，从他为萧红留下的一幅肖像足见其绘画功力，只略略几笔就勾勒出女作家的风采与神韵。

第一次到牵牛坊，萧红的印象是“明亮而温暖”的。牵牛坊就是冯咏秋的家。它坐落在新城大街，即今尚志大街南端路东的一座俄式平房，环绕房子是一座绿意盎然的花园。

由于主人喜欢绿色植物，就在窗下种满了红白相间的牵牛花。夏季来临时，攀墙而上的绿蔓将整座房屋遮得郁郁葱葱。人们见了自然称它为牵牛坊，而主人也很喜欢以傻牛自居。

牵牛坊是小文人的汇聚场所，当地的报纸刊载了介绍它的新闻

在这里，主人的慷慨好客常常引得高朋满座、笑声朗朗，牵牛坊很快就成为文人喜欢驻足聚谈的沙龙了。二萧就是在朋友的引荐下来到这里的，当时大家还笑着说：又牵来了两条牛。那以后，两人就成了这里的常客了。

在这里，二萧参加过有

冯咏秋所绘萧红

关文学的讨论；商榷过对于艺术的不同理解；经历过激愤与担忧的许多场面……后来他们的剧团因形势紧张而解散，这里又成了大家节日相聚的乐园。

在萧红的作品里，就有专门描绘这里的《牵牛坊》一文。不过，这次她记述的是二萧在此以松子充饥的狼狈情景。

1934年的元旦和春节，二萧和朋友们就是在牵牛坊度过的。他们聚餐玩耍，还搞起了这里流行的欧式风格的化妆舞会……后来萧红在自己的文章里，十分留恋地描述了这段难得的欢乐时光。

爱是一杯苦咖啡

有爱情又有文学，这一段生活该是苦中有乐的，但是萧红的内心却有一丝无可名状的难言之隐，这就是二萧之间酸如青杏的情感纠葛。

在危难之际邂逅萧军，萧红既得到了情感慰藉，又脱离了生活窘境，而且在萧军的影响下走上了文学之路，这所有的幸运都与萧军有关，没有他也许就没有后来的文学家萧红。但是萧军在给她带来幸福时，也让萧红尝到了爱的苦涩。

萧军的个性粗犷倔强、责任心强，很喜欢见义勇为打抱不平；但在面对女性时，他却显得勇武有余而温情不足。甚至在二人的情感世界里，他也有不肯服输的男子大丈夫思想，这可能是日后铸就二萧分手的一个根源。

虽然萧军在老家已有妻室，但对于萧红这位新女性来说这并不是问题，因为她信奉的是新式爱情观。可是，对于单纯而脆弱的萧红来说，萧军的恋爱观“爱便爱，不爱便丢开”是让人难以接受的，对此萧军倒从不避讳。

寄给鲁迅的就是这张二萧在哈的合影

在哈尔滨期间，萧军接二连三的“偶遇”也让萧红饱尝了失落的滋味。在萧红这期间留下的文字里，我们可以看到她苦闷的流露：先是一位大家闺秀玛丽；接着是房东爱聊天的二女儿；又来了一位气质颇佳的南方姑娘……

她渐渐对郎华比对我更熟，她给郎华写信了，虽然常见，但是要写信的……

又过了些日子，程女士就不常来了，大概是她怕见我……

程女士要回南方，她到我们这里来辞行，有我做障碍，她没有把要诉说出来的“愁”尽量诉说给郎华。她终于带着“愁”回南方去了。

这样尴尬的处境，让只有22岁的她像一个被冷落的苍老怨妇。如此痛楚让萧红感到茫然，她那颗敏感的心像浸在苦水中一样，于是她在《一个南方姑娘》中记下了内心的彷徨。

别故乡何处是家

XIAOHONG YINXIANG

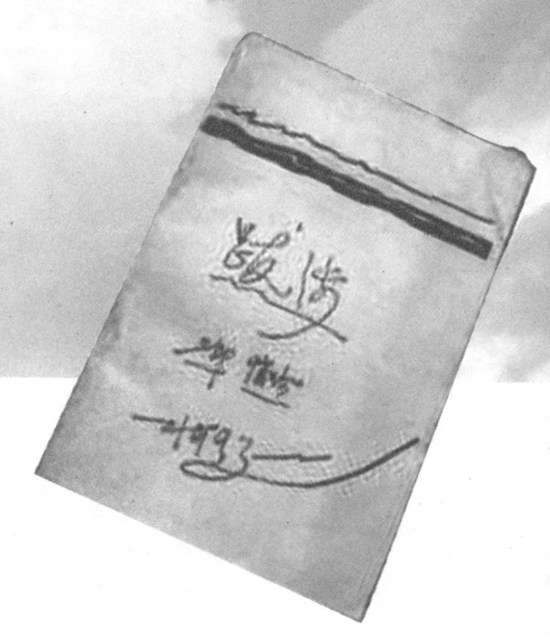

《跋涉》惹来了麻烦

自从1932年除夕日寇侵占哈尔滨后，这里的人们就生活在水深火热之中。到1933年，城市的文化领域已经被日寇严密地监控起来，一些报刊被查封；因言获罪者大有人在；许多抗日志士被抓被杀……暗无天日的文化氛围令人窒息。

就在他们排戏的最后几天，从不缺席的徐志突然没有来。大家以为他一定是有什么事耽搁了，却不料他是被抓了起来，甚至还被用刑拷打了。

早在这一年春天，二萧就开始筹备，准备将两个人已经发表的十几篇作品合集出版。但是他们还处在温饱难继阶段，上哪里去找一大笔印刷费呢？对此二人想尽办法，还是一筹莫展。

好友舒群听说了这个消息，看见二萧因筹不到费用而焦急，他就慷慨解囊，将家人放在他那的一笔钱拿出来做了出书的费用。

就这样几经周折，到1933年10月，二萧的合集《跋涉》终于出版

了。不料此书虽然只是一本薄薄的小册子，又只印出100多本，却引起日伪当局的注意，它很快就被查封了。从萧红的文字里我们看到了他们的恐惧：

> “关于你们册子的风声怎么样？”
>
> “没有什么。怕狼怕虎是不行的。这年头只得碰上什么算什么……”郎华是刚强的。
>
> ……
>
> 纱窗外阵阵起着狗叫，很响的皮鞋，人们的脚步从大门道来近。不自禁的恐惧落在我心上。

随着风声越来越紧，在朋友们的劝告下。二萧不得不销毁了大量的册子及其他印刷品。恐惧依然笼罩在他们周围，一位朋友善意地提醒二人要提高警惕。

压抑让他们离开

无论白天走在街上，还是夜晚待在家里，萧红都感到坐立不安，甚至睡觉和听到院门响都要惊出一身冷汗来。

> 册子带来了恐怖……恐怖使我对于家有点不安。
>
> 街灯亮起来，进院，那些人跟在我后面。门扇、窗子和每日一样安然地关着。我十分放心，知道家中没有

来过什么恶物……

那些人走了，郎华从床底下把箱子拉出来，洋烛立在地板上，我们开始收拾了。弄了满地纸片，什么犯罪的东西也没有……一张高尔基的照片，也把它烧掉……我烧得很快，日本宪兵就要来抓人似的……

假如有人走在后面，还不等那人注意我，我就先注意他，好像人人都知道我们这回事。街灯也变了颜色……夜里想睡也睡不着，太阳还没出来，大铁门就响起来，我怕着，这声音要夺取我的心似的，昏忙地坐起来……

到1934年春，日伪统治哈尔滨已达两年之久，这里的政治气氛更加敏感也更加压抑，一些朋友已经离开本地。为躲避危险也为了谋生，二萧也有过离开沦陷的哈尔滨远走他乡的念头。

当要好的朋友纷纷离开后，留下来的年轻人更待不下去了。金剑啸曾去过上海，他想再到那里去；舒群已经离开哈尔滨了，他去了青岛……二萧不知道自己该去哪里？

就在此时，他们收到了舒群从青岛发来的信。舒群说他已经在青岛找到了工作，希望二萧也能到那里去……于是二萧下定决心：离开哈尔滨去青岛。

主意已定，二人就开始准备。萧

军整天都在忙着什么；萧红却病了。这并不是她第一次发病，几年间饥饿、寒冷、腹痛时时侵害她的身体，加上恶劣条件下怀孕与生产的摧残，她看上去显得比别的东北姑娘要单薄许多。

初涉文坛的萧军

背井离乡二萧南下

1934年6月，二萧去青岛投奔友人的日子已经临近。为了休养她曾被萧军安排到乡下的朋友家去静养。20多天后，虽然萧红的身体还有些虚弱，但是他们不能再等了，因为出发的日子已经定了下来。

6月10日，二萧出发前一天的晚上，金剑啸、罗烽、白朗等几位文友聚在一起，在道里西十五道街天马广告社楼上的阁楼里为他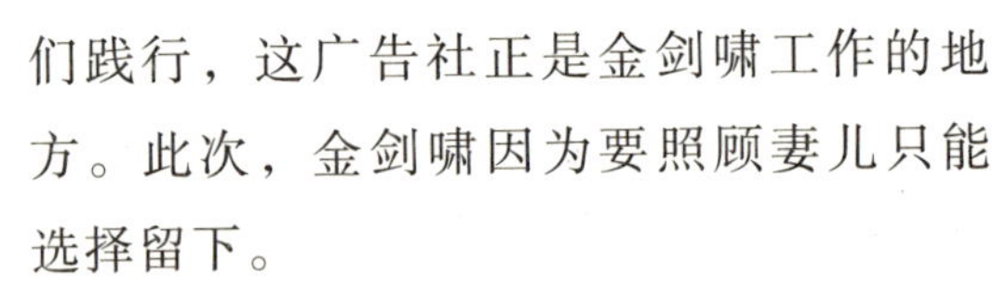们践行，这广告社正是金剑啸工作的地方。此次，金剑啸因为要照顾妻儿只能选择留下。

就在顶层的阁楼上，几个朋友打开买来的食物和酒，推心置腹地畅饮起来……相见时难别亦难！朋友们都十分珍惜这难得的相聚时光，他们彼此祝福，渴望在不久的将来再度相逢。可是谁也没有想到，二萧与金剑啸这一别竟成永诀！

小文人萧红

两年后的一天，在上海的萧红惊悉来自故乡的噩耗：投身抗日救亡的金剑啸和侯小古已经被齐齐哈尔日伪当局杀害！为此，萧红写下了一首痛悼挚友的诗篇。

第二天二萧告别了友人，在南岗火车站乘上了开往大连的列车。几天后，他们又在大连坐上了开往青岛的轮船。

翻开萧红的文集你会发现：从离家的那一刻起，呼兰与哈尔滨的时光就成为萧红异地漂泊时长久的乡思梦。这时在她笔下，老家的菜园、房檐、窗棂、灶台，哈尔滨的江畔、公园、大街、洋房都具有格外绚丽的色彩；都是她故乡记忆中生动而丰富的温馨画卷！

萧红之所以对家园有如此深切的眷恋之情，是因为自从这一年离开家门，她就再也没能返回黑土地故乡！

文友金剑啸

位于道里西十五道街的天马广告社旧址

青岛安宁转瞬逝

XIAOHONGYINXIANG

辗转大连抵达青岛

经过几天的旅途颠簸，二萧终于在大连乘上了开往青岛的轮船大连丸号。那是一艘日本轮船，他们坐的是四等舱，差不多是与货物在一起的。

在船上像许多贫苦的乘客一样，二萧也遭到严厉的盘问和搜查，他们体会到被奴役者的深深悲哀；而船上穷人们乞丐般的群像，更让二萧感受到社会现实的黑暗。

6月15日，当二萧乘坐的轮船驶进青岛码头时，先期到达的舒群、倪菁华夫妇已经在那里欢迎他们了。于是二萧也住进青岛观象一路1号，也是舒群租住的那座小二楼。在这楼房的一层，舒群与二萧两家各住了其中的一间。

青岛时期的二萧

在近代史上，青岛是一座曾被德国、日本攫为己有的城市。来自东西方的要人们看中了这里是海滨胜地，在沿海的山坡上，他们建起了许多充满异域风情又造型别致的别墅和教堂。几十年过去了，城市风貌依然看得出中西杂糅的特点。

先到青岛的舒群这时已在本地的一家报馆工作。经他介绍，萧军在当地报纸《青岛晨报》的副刊做了编辑，并由此认识了荒岛书店的经理孙乐文，这是一位进步的文化人，他也是这家报纸的负责人。

不久，萧红也在《新女性周刊》做了兼职编辑，这让她暂时有了固定的收入，生活相对稳定下来。由此，她可以继续小说《麦场》的创作，它就是萧红后来的成名作《生死场》。

短暂的创作时光

这期间，二萧与舒群夫妇相处得融洽而亲密，他们的日子过得简单充实。萧红拿出仅有的钱买来米面，又置办了锅碗瓢盆……每天除了写稿就是做饭。她的东北面食做得很拿手，因此走到哪她都要带上那个烙油饼的小锅。

闲暇时，两对年轻人还常常一起去公园赏景、去海滩游泳……从当时留下的众人合影的照片看，虽然二萧依然艰苦，但两人的情绪却很乐观。

这段时间，二萧的关系也比较和谐，至少未见萧红留有文字的慨叹。那张二萧的合影也让我们看到了他们的闲适与安逸。

二萧与舒群的青岛居所

短暂的青岛安宁时光

可能是脱离了沦陷区的文化钳制，也可能是条件好转改变了人的心情，这一段二萧的创作都有了很大的收获。萧军完成了他的《八月的乡村》文稿；萧红也写完了《麦场》。

9月初，书稿已经完成，二萧决定以文学青年的身份与上海的鲁迅先生取得联系。他们听孙乐文说到上海时，曾在内山书店碰到过鲁迅先生。就想将信寄到那里，请内山先生转给鲁迅，再请鲁迅将回信寄到荒岛书店，孙乐文也认为这是很安全的办法。

二萧与舒群夫妇在青岛四方公园留影

于是由萧军执笔，二萧给十分崇仰的鲁迅先生写了第一封信。信寄出不久，他们就收到了先生的回信。鲁迅答应帮他们看一看书稿，还就他们请教如何写作的问题给予了答复。

> 不必问现在要什么，只要问自己能做什么。现在需要的是斗争的文学，如果作者是一个斗争者，那么，无论他写什么，写出来的东西一定是斗争。就是写咖啡馆跳舞场吧，少爷们和革命者也绝不会一样。

于是，受到鼓舞的二萧将作品的抄稿附上两人的一张合影寄给

离开青岛前的萧红

了鲁迅。可是他们不会想到：不久后的一天，他们竟在上海见到了鲁迅先生。

危险降临只有走

真是天有不测风云，青岛这段安宁的生活并没有持续多久，他们又开始漂泊了。

就在中秋节那天，舒群夫妇突然被特务抓走了。据说这是由于有人出卖，同时被捕的还有倪菁华的几个哥哥，他们被特务怀疑进行了对当局不利的危险活动。

农历八月十五那天，舒群夫妇回到倪菁华父母家去过节。二萧曾被邀同去，他们怕打扰别人而婉言谢绝了。不料，结果却是几个人突然被抓走了。他们的被捕使二萧也顿时陷入危险。慌乱中，他们不得不考虑离开青岛的问题。

进入10月，青岛的天气越来越凉了。冬天将临的10月末的一天，书店经理孙乐文找到萧军。二人来到了青岛海滨的栈桥，在瑟瑟寒风中，孙乐文交给萧军40元钱，让他与萧红尽快离开本地。

于是，萧红又匆忙地变卖他们刚刚拥有的生活用品。她找到一辆独轮车，上面横七竖八地堆满了要处理的物件。她趿着歪扭的旧鞋，慌慌张张地忙碌着。

与此相似的还有她的心情：我们将去哪里？除了故乡的朋友，远在上海的鲁迅先生是最渴望见到的人了，去他那儿行吗？

11月1日那天，二萧终于乘上一搜货船前往上海，他们要去投奔从未谋面的鲁迅先生。现在只有鲁迅先生可以依靠了，不然他们又能去哪儿呢？在此之前，舒群与萧军曾经去过上海，他们想到鲁迅常去的内山书店碰碰运气，却无果而归。

投鲁迅来到上海

有鲁迅的大上海

上海是开埠很早的大城市，到20世纪30年代，它引领风气之先已经半个多世纪了。

当年的上海，令人瞩目的是大名鼎鼎的外滩。面对浦江，几十座坐西向东、风格迥异的大厦依次排开，有罗马式、哥特式、巴洛克式、新古典式、折中主义、中西合壁的各种建筑，因此被誉为“万国建筑博览会”。可想当年，在城里一片低矮的土屋旁，这蜂拥而至的参天“巨兽”会给国人以多大的震撼啊！

同样，在外滩脚下的英法租界里，欧式花园洋房鳞次栉比，排满了大街小巷；炎炎夏日，梧桐树婆娑的浓荫会将条条小街点缀得美轮美奂……无论当年还是后来，沪上的欧风异彩都堪称国中第一。

然而，在大厦的缝隙中、在苏州河滩地、在偏僻空旷之地，低矮闷热的亭子间才是国人聚居的场所。那里道路尘土飞扬；棚屋人畜混居；满目垃圾成堆；脚下污水遍地……与租界形成了鲜明的对比，就好比天堂与地狱！

在这里，搞实业的也经商；行伍出身却从政；望族子弟爱留洋；文人墨客一大帮……所以有人说：这里是冒险家的乐园、投资者的天堂、黑社会的搏斗场、追求出人头地的大舞台。

初来乍到的二萧，就这样走进了令人目眩的“十里洋场”。她们来不及去看外滩的西洋景，也没注意国人与洋人的巨大反差，他们急于见的只有一个人——鲁迅先生！

见到了鲁迅先生

二萧是1934年11月初到上海的，他们先在拉都路北端找到了一处亭子间住下，用仅剩的十元钱买了面粉和盐、炉灶和碗这些必需品。

安顿下来后，二人立即给鲁迅先生写信，请求拜见先生。鲁迅先是回信让他们等一等，等安排好了再见面。经过一段时间的等待，鲁迅终于回信了。他约两个年轻人前去见面，地点就在四川北路附近的内山书店。

内山书店的主人是日本人内山完造。他很早就到上海谋生，在离文人聚居的多伦路很近的山阴路上，他和妻子一道开设了这家小书店。他的书店不仅销售日文及其他外文书，也出售中文书，甚至还卖一些当局查禁的进步的敏感图书。

鲁迅是来店购书时与内山相识的，从此他们就成了好朋友，鲁迅已被查封的译作《铁流》就在这家店里继续出售。当时的许多文人经常光顾这里，如陶行知、郭沫若、田汉等，文人们还在这里会见友人、办作品展。后来，鲁迅、郭沫若等人还在这里躲避过战乱。

内山完造夫妇

11月30日下午，二萧前往会面地点内山书店。书店主人内山先生是一位彬彬有礼的日本人，他待客一视同仁、谦和得体，令人顿生好感。附近的文人都喜欢到这家小店选书，鲁迅就常来这里买书，他自己写的书也在这里代卖。

当年一位公交售票员就在内山书店碰见过鲁迅。当时他是随意走进这家书店的，由于自己的钱不多，他看中了两本书却不知该选哪一本。刚走进来的鲁迅看出了他的犹豫，就告诉他：自己写的那本书可以折价卖给他，这样他就可以买走两本书了。多年以后，这位读者回忆了当年的情景，他为此感到幸运无比！

主人内山在店堂里布置了一张条桌，还备了可坐下看书的木椅。看来，鲁迅先生是有意选这里会面的。在约定的时间来到内山书店，二萧第一次见到了仰慕已久的鲁迅先生。

后来萧红回忆这次见面时说，她和萧军都没有料到鲁迅先生竟如此瘦削，难道那敏锐的洞察力就来自这并不高大的身体吗？见面后，鲁迅先生将二萧带到附近的一家咖啡店交谈。

鲁迅先生病弱的形象与和蔼的言谈让二萧感到十分亲切，尤其给萧红留下了深刻的印象。交谈中，鲁迅先生询问了两人的情况和现在住的地方。先生请他们不要着急，答应帮他们寻找可以发稿的报刊，还答应把他们介绍给自己熟悉的沪上文人。

在前面写给先生的信里，二萧提到了两人的经济拮据，他们想向鲁迅先生借一点钱暂渡难关。告别时，先生拿出早已准备好的20元钱，借给了陷入困境的二萧。

这让两个年轻人特别感动：在人流如织的大上海，他们是一对无依无靠的小人物，而鲁迅这样的前辈却对并不熟的他们慷慨相助，这是一种多么令人感动的关怀与温暖啊！

萧红用棉格布为萧军赶制了赴宴的新衣

文人荟萃多伦路

那以后不久，二萧接到了先生的来信。信上说在12月19日，鲁迅和夫人许广平将借友人家事在上海广西路上的梁园豫菜馆请客，请两个初来乍到的年轻人前往聚餐。为此萧红忙了几天，用一块黑白格布为萧军做了件赴宴穿的俄式衬衫。

多伦路是上海著名的文化旧里

二萧（右一、右二）与胡风等友人在上海

那天，先生将聂绀弩夫妇、叶紫等人请来与二萧见面，那天胡风因未获信息而没能到场。先生邀二萧的意图很清楚，他希望两个年轻人结识更多的朋友，以便尽快融进本地文化界。那一天，他们聊得很晚方才散去。

鲁迅先生也很关心二萧的生活，以至于当先生与夫人许广平突然来到他们简陋的住处看望时，两个年轻人真是感到喜出望外。

在四川北路附近，有一条不宽也不长的小街多伦路，它的街路缓缓弯转，楼房中西合璧……而让小街闻名遐迩的，不是漂亮的别墅和声名赫赫的权贵，而是许多后来人们耳熟能详的文化名人的足迹。

这些文人既非权倾一时，又非腰缠万贯，但提起哪一个来却都是大名鼎鼎的：鲁迅、茅盾、瞿秋白、叶圣陶、陈望道、夏衍、冯雪峰、郭沫若、柔石、丁玲……这个名单应该还要长些，因为30年代成立的“左翼作家联盟”旧址就在多伦路上。

小街上还有中华艺大、上海艺术剧社旧址；有久负盛名的公啡咖啡馆；有当时很吸引眼球的电影院……无疑，这里是名人荟萃的海上旧里，文人们的群聚而居渲染出多伦路浓厚的文化气息，也向人们展示了上海引领风气之先的文化潮流。

成名之作《生死场》

XIAOHONGYINXIANG

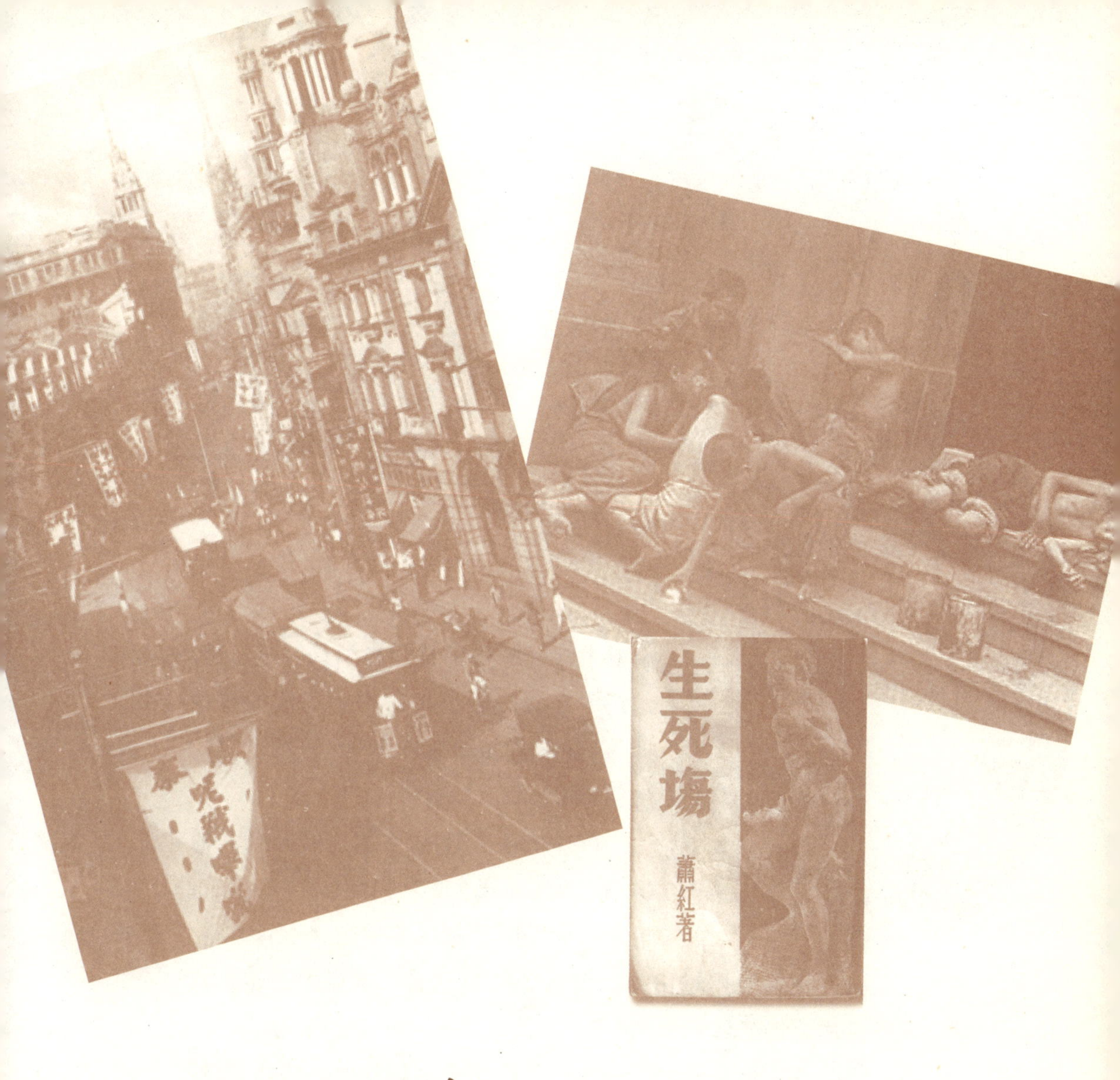

奴隶丛书三人行

早在青岛，萧红已经将《麦场》的书稿寄给了鲁迅。这次来上海，他们希望能在这里安顿下来，找到可以发文为生的路子；更希望已完成的书稿能找到出版商付梓面世。

不久，看过《麦场》书稿的鲁迅先生认为作品写得很好，又提出了一些中肯的修改建议。据说鲁迅还在萧红的书稿清样上勾画出许多文字改动的记号，为萧红写作提供了具体帮助。

为了帮助他们出书，先生曾想方设法地寻找机会。鲁迅曾请黎明书店接受作品并投资出版，但他的建议未获得对方的认可。

看到出版无望，在鲁迅的建议下，萧红、萧军和叶紫组成了一

二萧在上海居所门前

个奴隶社，还号称是容光书局。经过努力，他们终于自费出版了由三本书组成的奴隶丛书，即萧红的《麦场》、萧军的《八月的乡村》、叶紫的《丰收》。

在1935年出版的时候，根据众人的建议，萧红将书名由《麦场》改为《生死场》。在这部作品中，她第一次使用了萧红的署名，在这之前发表作品时，她曾经用过田娣、悄吟等几个笔名。据说萧红很喜欢红色，所以才会将笔名定为“红”，而萧应该是“小”的谐音。

在当时的中国，上海已经成为文化出版的中心。这里除了大名鼎鼎的商务印书馆、中华书局外，一批民间的小出版者如雨后春笋般地涌现出来，它们有的称社，有的设馆，还有的干脆就叫书店。

不过，当时的出版管理显然很混乱很松弛。因此，三个毫无背景的年轻人贸然组成了没有名分的奴隶社，竟然大胆地出版了一套自己的丛书。

鲁迅作序《生死场》

当时的上海滩，不仅繁华无限，而且纸醉金迷。富商巨贾、达官显贵是城市的主人；冒险家、投机客把这里当成乐园；而那些舞文弄墨者也是城市的一张名片。同样的文人却是属于不同类别的：仰承权贵的御用文人；歌功颂德的粉饰太平帮；趋炎媚俗的鸳鸯蝴蝶派……

但在令人眼花缭乱的众生之中，有些文人明显地与众不同，这就是后来被称为左翼作家的一群人。其中的瞿秋白、茅盾、柔石、夏衍等人都是鲁迅的文友，如果要寻找鲁迅与他们的异同，那就是先生对民族命运深入骨髓的忧患意识！

鲁迅是国人景仰的文化先哲，那敏锐的洞察力、深邃的思考以及“横眉冷对”的勇气使他成为这个民族难得的文化精英！成为许多后辈追随的精神导师！

《生死场》出版时，鲁迅亲自撰写了序言，他精准地点评了作品的特点；胡风为这本书撰写了后记。在《生死场》出版前的1935年11月14日夜，鲁迅在读过校样后，为此书写了这样的序言：

我和妇孺正陷在上海闸北的火线中，眼见中国人的因为逃走或死亡而绝迹……

鲁迅与文学青年在一起

这自然还不过是略图，叙事和写景，胜于人物的描写，然而北方人民的对于生的坚强，对于死的挣扎，却往往已经力透纸背；女性作者的细致的观察和越轨的笔致，又增加了不少明丽和新鲜……

我在灯下再看完了《生死场》……哈尔滨也不是这情景；我和那里的居人，彼此都怀着不同的心情，住在不同的世界，然而我的心现在却好像古井中的水，不生微波，麻木地写了以上那些字。这正是奴隶的心！

但是，如果还是扰乱了读者的心呢？那么，我们还决不是奴才。

《生死场》是萧红的成名之作。它出版时，日寇侵占东北已四年有余。欲壑难填的日寇正蓄谋大举侵华，民族命运危在旦夕。

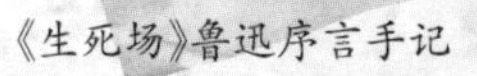

《生死场》鲁迅序言手记

《生死场》真实地记录了沦陷区的深重苦难。萧红笔下东北乡村的景致与人物、贫困与愚钝，恰恰表现了黑土众生的悲惨处境；她敏锐的观察和生动的笔触也特别能拨动读者的心弦。

当这部描绘东北人民挣扎与反抗的作品问世时，立即引起许多人的关注，激起了广大同胞的爱国热情。很快，人们知道了这位来自东北的女作家，萧红也由于此书而一举成名。

于是，在不足一年的时间内，《生死场》被多次加印，后来还被制成连环图画本发行。到上海八一三抗战爆发前，它几乎成为东北人民挣扎与反抗的典型映照了。

搬到四川北路附近

这段时间，二萧又各自发表了几个短篇作品，萧红的《小六》《饿》《祖父死了的时候》就是此时的作品。上海虽大，可是名人太多，一对来自东北的年轻人发表文章的机会还是有限的。

1936年3月，就在这个春天，二萧把家从法租界搬到四川北路永乐里的一个亭子间。这里离大陆新村的鲁迅先生家特别近，离文化街多伦路也不远。

二萧在上海住所门前，萧军手执一把残琴

二萧将住所搬到这里，与鲁迅先生及文人们往来就更方便了。从那时起，二萧与鲁迅一家走得很近，晚饭后两个人会一道去先生家小坐，萧红还经常在白天去先生家。

这段时间，萧红每有空闲就会去鲁迅家，她同许广平及小海婴都特别亲近。这段时间也被认为是萧红生活中最美好的时光。那些日子，作为文学青年的二萧由于同鲁迅有频繁的交往，他们直接得到了来自

萧红(左)与鲁迅夫人徐广平合影

先生的指导与教诲，也见到了鲁迅生活中的点点滴滴。

鲁迅先生家在四川北路附近的山阴路上，他去世前最后三年就住在这里。山阴路是沪上一条平常的小街，道旁一栋栋小楼多是侧立路边的，顺着楼向里走就是一条条里弄了。这小街深处正是当年的“大陆新村”，其中的一座小楼就是鲁迅一家的居所。

山阴路132号是一个有大门的里弄，跨过门走进去，小巷深处的一个单元就是鲁迅的家。在黑色的院门外四望，只见这是一座三层联排小楼中的一个单元，从一楼到三楼为一家，门前有一狭小的院，小得仅够出入而已，仰头看三楼上还伸出一方敞开的阳台。

进了门就是楼梯间、客厅和厨房；二楼才是书房、卧室和儿童房；三楼据说是客房与储藏室。看上去每一房间都小巧玲珑，又恰到好处地满足了居家的用途。

不知为什么，迈进门坎就有一种闭塞的感觉，可能是院墙过高

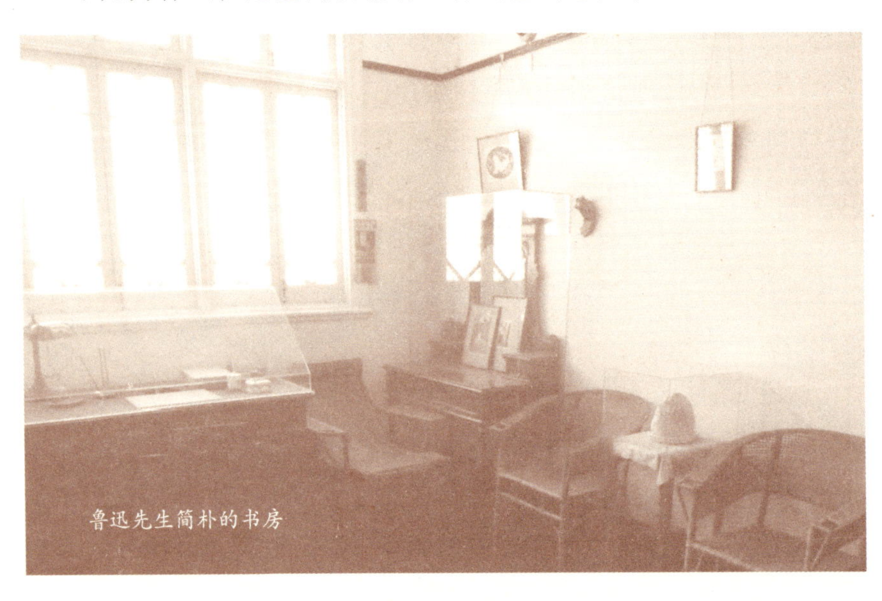
鲁迅先生简朴的书房

使一楼显得幽暗，也可能是前排的楼房挡住了光线。

二楼向阳的房间就是先生的书房，里面的陈设简单而质朴：一方写字桌加几把藤椅；一张铁床对面是木制衣柜；墙上的镜框里镶嵌着黑白照片；本色的木桌上只有几件文具……没有更多也没有奢华，文坛巨匠的生活不过如此！

在鲁迅家逗留的日子

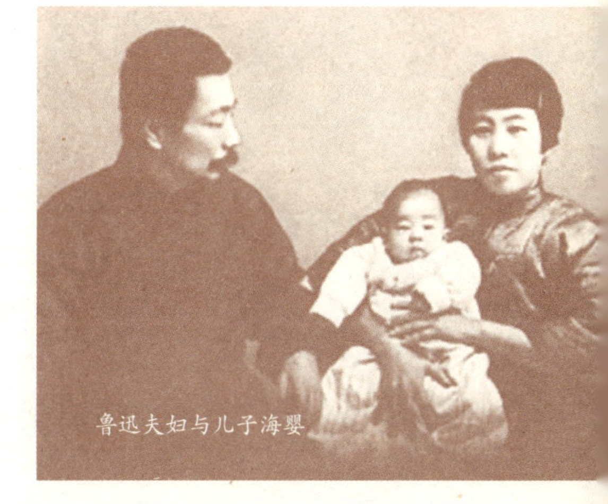
鲁迅夫妇与儿子海婴

那时至今，鲁迅先生家没有太大的变化。一楼门厅右边就是客厅，这里该是萧红待得最多的地方。此时鲁迅的健康已经很差了，瘦弱的他看上去脸色灰暗，还由于吸烟常咳嗽不止……再加上每天依然要伏案工作，他的身体已经让周围人非常担忧。

有时，为了不打扰在楼上休息的鲁迅先生，萧红就在楼下的客厅里与许广平聊天。当时，许广平一方面要照顾病中的先生，还要照看幼小的孩子，那时鲁迅的儿子海婴还只有6岁。

碰到先生有兴致，萧红就会与他聊上几句；碰到大家都有心情，萧红就会下厨做拿手的东北面食，她做的烙油饼会让大家品尝到东北家乡的风味，先生也照例会多吃一点。

作为长者，鲁迅先生会语重心长地告诫二萧如何为文与做人，还告诫他们要提防的各色文坛陷阱……对于帮助二萧扩大交往圈，先生总是默默地做一些潜移默化的工作。

精力充沛时，先生也会与萧红开玩笑。他给二萧写信时会称萧红是“悄女士、吟太太”，这称谓是从萧红的笔名悄吟中得来的。见到萧红孩子般的稚气与单纯，鲁迅笑称她为“长不大的悄吟太太”。

鲁迅刚与二萧通信时，曾称萧红为先生，这让萧红甚觉不安。她在回信中提出了“抗议”。鲁迅的回复也诙谐幽默：

先生二字，照字面讲，是生在较先的人，但如这么认真，则即使同年的人，叫起来也得先问生日，非常不便了。对于女性的称呼更没有适当的，悄女士在提出抗议，但叫我怎么写呢？悄婶子、悄姊姊、悄妹妹、悄侄女……都并不好，所以我想，还是夫人太太，或女士先生罢。

说完，鲁迅又在信结尾“俪安”二字旁画了个箭头，开玩笑地写道：“这两个字抗议不抗议？”有时，先生也对萧红的新衣加以评论，从色彩美学角度循循善诱一番，而且显然先生的审美品位很高。

那一天，萧红穿了一件红色的新上衣、咖啡色的裙子来到鲁迅家，她问先生这样是否好看？鲁迅先生看后却说：红上衣要配红裙子或黑裙子，红上衣配咖啡色裙子显得很浑浊……后来，萧红充满怀念地记下了鲁迅生动的指点：

人瘦不要穿黑衣服，人胖不要穿白衣裳；脚长的女人一定要穿黑鞋子，脚短就一定要穿白鞋子；方格子的衣裳胖人不能穿，但比横格子的还好；横格子的胖人穿上，就把胖人更往两边裂着，更横宽了，胖子要穿竖条子的，竖的把人显得长，横的把人显得宽……

萧红在鲁迅家门前留影

这样的近距离交往使萧红在回忆鲁

迅时，描述得既真实又传神。萧红还与鲁迅夫人许广平及儿子海婴十分亲近，后来，当她遭遇情感之苦时，她也会去向许广平倾吐内心的痛楚。

这些细节我们都可以在萧红的文章中读到；也可以在许多当事人的回忆文章中看到；甚至还在许广平的无奈与烦恼中得到证实，因为许广平当时要照顾病中的先生和弱小的孩子，她哪有精力顾及萧红的苦闷呢。

萧红不仅从鲁迅那里得到文学上的提携与指教，还在先生那里体会到浓浓的师生情谊，感受到父辈般的温暖关怀，而这正是她人生中最为缺少的东西。因而这段时光成了她极为珍视的宝贵记忆。因此她记述的先生最真切精准，为我们留下了生活中鲁迅可亲可近的形象。

但这样的时光并不长久，从3月到7月不过只有4个月，一件始料不及的事情就打断了这一切。

笔墨酣却遇情殇

XIAOHONGYINXIANG

怀旧之作《商市街》

来上海后，萧红始终笔耕不辍。后来，由于《生死场》带来的鼓励，也由于生活条件略有改善，她的创作变得更加自觉更加多产了。

到 1936年3月，她最重要的散文集《商市街》完成。到 1936 年 8 月,刚刚收笔的作品就成为巴金主编的《文化丛刊》中的一集，由文化生活出版社出版了。

在这本集子里，作家回忆了她在哈尔滨的蹉跎岁月，多侧面地记录了沦陷区民众的挣扎、苦闷与彷徨。在萧红笔下的城市里，无论是车夫、小偷、乞丐；还是帮工、奶妈、

妓女；或是广告员、穷教师、文化人，都在暗无天日的重压下挣扎。

城市小人物的遭遇令人同情，他们的现状引人思考，《商市街》成了展示沦陷区风貌的难得之作，也是了解哈尔滨沦陷史的一部佐证。这样的作品，会让人体会丧权辱国的切肤之痛，更会激起民众的爱国激情。

从另一个角度看，它又是萧红身世与哈埠历史的真实写照，作品中许多事情就是作者的亲身经历，因此它也是研究作家生平的宝贵资料。比如，有关中央大街、道里公园的一些记载，让我们看到当年的哈尔滨；两个人与朋友会面和谈话，正是他们当年生活的真实记录。

当年萧红住过的商市街就是中央大街西侧的一条小街，后来它被改为红霞街。那是一处可以窥见城市的繁华与龌龊的绝好地点，住在那里的萧红，以她的所见所闻为我们留下了难得的城市早年的素描。

直到多年以后，当我们重读这部作品时，还是能从人物与场景的字里行间，找到被定格的真实的历史细节；体味强烈的岁月沧桑；感受女作家温润的笔触与灵动的脉搏。

避情惑只身渡东瀛

1936年7月，萧红突然决定去东京疗养。

众所周知，萧红生命的最后几年，她一直是病魔缠身的。据见过她的人描述，她虽然生在东北，看上去却有些苍白羸弱，体形瘦削，身材似南方女子般单薄。

其实，萧红的病痛在哈期间已见端倪。在早年不幸的生活中，她怀孕生子、饥寒交迫，饱尝了贫困之苦，健康已经被损害了。再加上后来颠沛流离的生活，她的健康状况其实是很糟糕的。

这在萧红作品中也屡有所见。例如，她经常会有难以名状的腹痛和头晕；会饿得两腿发软以致上不去楼梯。现在条件允许了，找一个休养的机会来恢复健康，似乎是顺理成章的事。但这次的情况并不那么简单，其中是另有隐情？后来我们得知，真正的原因是二萧的关系又出现了裂痕。

在上海的萧红

据知情者回忆，萧红赴日前，二萧的感情的确出现了严重危机。据说是上海文化圈的两位女子先后卷入了二人的情感世界。其中一位是他们友人的妻子；而另一位正是当年在哈尔滨就让萧红十分警觉的那位南方姑娘，因为这时候她也在上海。

对这样的移情别恋，萧军并不讳言，因为他早就有言在先：爱便爱，不爱便丢开……毫无疑问，这样的事情会让萧红痛苦不堪，这也正是萧红远走他乡的真实原因。

岁月已经遮蔽了情感的许多细节，让我们仿佛雾里看花。但是客观地看，从当时萧红表达内心苦闷的长诗《苦杯》中，人们也读得出她心头的落寞与迷惘。

带着颜色的情诗，
一只一只是写给她的，
像三年前他写给我的一样，

萧红赴日前与黄源、萧军合影

年轻时的萧军

也许人人都是一样，

也许情诗再过三年他又写给另外一个姑娘！

……

他独自走了，

他独自去享受黄昏时公园里美丽的时光，

我在家里等待着，

等待明朝再去煮米熬汤

……

泪到眼边流回去，

流着回去浸食我的心吧！

在那样的时代，正如萧红所言“女性的天空本是低矮的”。作为一位性别意识已经觉醒的女作家，面对如此的情感打击，她内心的悲伤可以想见。于是她和萧军约定：自己去东京疗养；萧军去青岛写作，时间为一年。

1936年7月，在萧红东渡日本临行前两天，鲁迅先生在家里为她践行。夫人许广平亲自下厨，为大家准备了一桌饭菜。席间，曾经留学日本的先生兴致勃勃地讲起那里的风土人情，并嘱咐萧红一些旅途的注意事项。

可是，当萧红告别离开时，她无论如何也不会想到，这竟然是与鲁迅先生的永别！

思乡切书信寄情

第二天，好友黄源也来送行，饭后还与二萧留下了一张三人合影。这次萧红赴日，好在有黄源的夫人在日本帮助寻找住处，要不然她更会感到举目无亲了。

7月17日，萧红只身赴日远行。经过几天的旅途颠簸，她终于来到日本的东京城。东京是日本的古都之一，这里曾经是江户幕府所在地，有大量的名胜古迹。日本明治维新以后，这里就成了日本的首都，也是全日本经济文化的中心。

来日本之前，萧红就听说弟弟张秀珂也在东京。她给弟弟写了

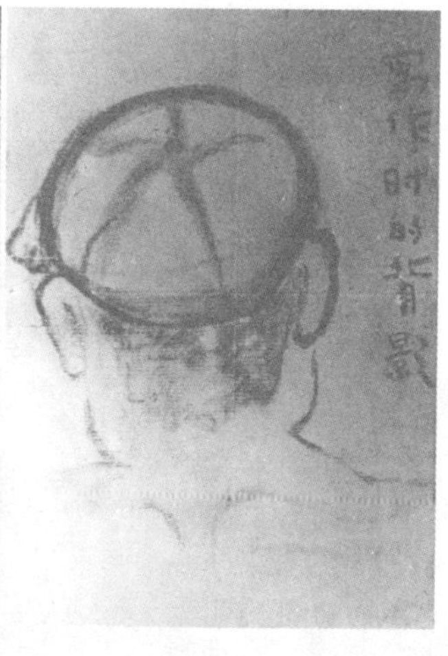

◀左图为萧红勾画的东京住处草图

◀右图是萧红所绘萧军写作的背影

30年代的日本街景

信，约定了见面的地点。未料她在那等了很久，却始终没有见到弟弟张秀珂。难道是他没有收到信吗？是不是写错了地址？结果一直到回国以后，她才在上海见到几年未见的弟弟。

情感令人焦虑也使人迷惘……单纯的萧红以为到了日本就可以逃避纷扰、摆脱痛苦，就可以抚平心灵的创伤，然而事情并非她想得那么简单。

在日本，萧红边学日文边写作，但还是被寂寞与乡思所笼罩。她思念家乡，写下许多诗文；她思念恋人，写回几十封信件……读过萧红的信你会感觉到，这思念正是一位漂泊者最深切的苦恋；同时你还会发现，孤独寂寞无时无刻不在她的笔端流淌，可她的苦闷又有谁知呢？

在她回信的字里行间，可以看到她思念家乡、思念友人、思念萧军的缕缕情丝……在日期间，她写给萧军的信有30多封，分别用莹、吟、红、荣子、小鹅落款。

为了安全，萧军曾嘱咐她将收到的信阅后焚毁，可她却将它们全都带回了上海，这也从一个侧面印证了萧红的痴情。

在日本的前3个月，萧红一边学习一边继续文学创作。偶尔她也会去听一些感兴趣的讲座，据说她听过郁达夫在东京的一次讲座。

孤独时，她尽可能地找些书来读，其中许多书都是萧军应她的要求从国内寄来的。萧红希望能慢慢地适应言语不通的异乡生活。

惊噩耗鲁迅逝世

二萧与友人在鲁迅墓前

东京街头悲悼先师

这样的时光仅仅过了3个月。萧红还没有来得及调整好自己，一个噩耗又让她悲从中来。

10月21日，在日本街头，萧红见一张日文报纸上刊发的像是鲁迅逝世的消息。由于日语不熟，她将信将疑，急急忙忙地四处打听。当确定了消息是真的，鲁迅先生已经于10月19日离世，孤寂的萧红顿时陷入深深的哀痛之中。

往事历历在目，先生却已离去。从1934年11月来到上海，至今还未满两年，两年间太多的记忆都浮现在眼前……

想到文学路上先生的悉心指教；想到初来上海先生的解囊相助；想到临别时刻先生嘱咐的音容笑貌，萧红的泪水不禁夺眶而出。她难以自制却无处倾诉，只能在千里之外一个人遥寄哀思！

萧红

对于萧红，鲁迅先生不仅是文学之路的导师；还是困境相助的挚友；更是给了她父兄般关怀的人生引路人！这突如其来的打击对萧红实在是太残酷。那以后许久，她都不能从悲哀中摆脱。

这期间她的心情可以想见。她病了，总是发烧，以致嘴唇都起了泡；她思恋故土、怀念亲人，写下了回忆祖父的文章……

就这样，1937年元旦来临了，悲哀又寂寞的萧红一个人在异乡度过了新年。

万国墓祭奠先生

1937 年1月9日，新年过后只有几天，萧红就乘上了返国的轮船。也许是寂寞的乡愁令她归心似箭；也许是另有别的原因？我们不得而知。我们只知道回沪后的日子萧红是忙碌的。

回到上海的萧红立刻探望了鲁迅夫人许广平。不久，二萧同许

二萧、张秀珂与友人在鲁迅墓前

广平带着小海婴来到上海西郊的万国公墓拜谒鲁迅墓。

那是一个春寒料峭的日子，还穿着冬装的二萧与许广平和海婴在鲁迅墓前留下了一张合影。同去墓地的还有当时在上海的萧红之弟张秀珂，以及其他友人。

萧红的心情沉痛而悲哀：几个月前出发时先生的嘱咐还音犹在耳；初来上海先生的热情相助仿佛就在昨天；平日里先生的谈笑风生挥之不去……太多的画面一下子涌上了她的心头！望着冰冷墓碑上的先生遗像，想到生死茫茫的命运之残酷，她的心情久久不能平静！

同萧红相比，萧军却幸运了许多：当鲁迅病重的时候他已经从青岛返沪，所以先生去世时他正在上海，他可以和朋友们一道为先生的葬礼而忙碌。

鲁迅逝世后，上海的名人们组成了由蔡元培、内山完造、宋庆龄、史沫特莱、沈钧儒、茅盾、胡愈之、胡风等人组成的治丧委员会，发表了讣告；同时，许多年轻的文人都出现在葬礼的队列里。

很快，上海的一些市民和各界人士也来到殡仪馆与先生的遗体告别；络绎不绝的民众还参加到送葬的活动中；除了市民，送葬的行列中还有许多年轻学生。

二萧与许广平和海婴在墓前合影

出殡的时候，在鲁迅的遗体上覆盖着一面写有“民族魂”三个大字的旗帜，鲁迅的葬礼成了汇合民众呼声的海洋，3天之内竟有1万多人痛悼这位民族之魂的离去。

据说，从殡仪馆到西郊墓地大约有10多里路，出殡那天许多人都是步行到墓园的。沿途的市民都记住了这引人注目的浩浩荡荡的送葬队伍：白色的条幅上写着鲁迅的名字；一幅巨大的鲁迅画像缓缓地向前移动……

那以后越来越多的人知道了鲁迅。后来在1956年鲁迅逝世20周年的时候，先生

的墓由郊外迁到故居附近的虹口公园。今天，鲁迅墓园塑有先生的坐像，园里还建了鲁迅纪念馆，而公园早已更名为鲁迅公园了。

编文集又遇情伤

从墓地回来后，萧红写下了一篇悼念鲁迅的诗文《拜墓》,因为她感觉先生的离去就像“正义”被带走了一样。

跟着别人的脚迹，我走进了墓地，

又跟着别人的脚迹，来到了你的墓边……

那一刻，

胸中的肺叶跳跃起来，

我哭着你，

不是哭你，而是哭着正义。

你的死，总觉得是带走了正义，

虽然正义并不能被人带走。

为了这怀念与悲悼，她觉得自己应该做一点什么。从此，萧红投入到《鲁迅先生纪念集》的编辑工作中。在

鲁迅棺上覆盖写有“民族魂”三字的旗帜

宋庆龄在鲁迅葬礼上

浩浩荡荡的送葬队伍

先生去世后，上海的文人与青年已经在准备出版鲁迅文集，并且有人已开始搜集有关先生的文稿。萧红加入进来后，她负责新闻稿件的搜集整理。

就在这期间，二萧搬进了位于法租界的吕班路256号，这是一栋西班牙风格的小洋楼，也是他们在上海的最后一处住所。二萧曾在这小楼的门前留下了一张合影。

虽然事情很多，但是萧红还是感到寂寞，因为这是不断袭扰她的情感的失落。据当事人回忆，此时的萧红再一次陷入了尴尬的困境。

因为就在她回到上海之前，萧军与一位朋友的妻子发生了短暂的婚外情。虽然这段恋情迅速收场，当事人也都缄口讳言，可是它带来的麻烦再一次让萧红苦不堪言。

刚归来时，萧红已经隐约感到人们有事瞒着她，但是周围人的异样还是让她很恐惧很担心。终于她知道了事情的真相，那位别人的妻子为这件事已在医院做了手术，而处在两位女性之间的萧军此时正在焦头烂额中。

这一段发生的两件事会告诉我们萧红有多么苦闷，以及二萧关系如何紧张。

一次，她突然不辞而别地离开了家，进了一家绘画学校去躲避。结果被友人找了回去，还被不明真相地误以为是个性过强的任性之举。又一次，朋友们看到萧红眼眶发青，她闪烁其词地说是自己不小心撞的，一旁的萧军却不屑地揭出了是自己动粗的结果。

弟弟张秀珂

据当时正在上海的萧红之弟张秀珂的回忆，也可以反映这时二萧关系的紧张。多年以后，张秀珂才理解了姐姐的痛苦，而当时还年轻的他还有点同情萧军呢。关于萧红此时的心情，几十年后，我们在当时与她交往的同学与文友的回忆中依然可见端倪。

沪失陷避乱武汉

为抚心伤三赴北平

显然，二萧之间的感情裂痕还没有完全弥合。因为在4月下旬，萧红又只身去了北京。在那里，她重逢老朋友李镜之、李洁吾和出狱后的舒群。

这年4月，萧红一个人去了北平。她与萧军约定：她先行一步，先找到住处安顿下来，待秋冬之际萧军安排好琐事后再去北平。她赴京的可能只有一个，依旧是情感的困扰。

刚到北平的萧红并没有找到她最初要找的朋友，因此只好在老朋友李洁吾家借助了一天，还因此引起了李妻的误会。结果她只好迅速地搬离了那里。

这一次来北平，萧红见到了老朋友李洁吾和舒群等人，这样的会面让她很高兴。在舒群的陪伴下她游览了长城；有时她同友人一起去看一部新电影；也会利用闲暇找本书来读……

在北平，表面的欢乐依然掩饰不住她内心的隐痛。在给萧军的信里，我们总是会看到一个并不快乐的萧红。前次去日本，我们已经看到了她的苦闷；这次离沪，又一次表明了她的无奈，我们可以从她的信件里读出这样的情绪。

我的心就像浸在毒汁里那么黑暗……

痛苦的人生啊！服毒的人生啊！

我一定要用那只曾经把我建设起来的那只手把自己来打碎吗？

萧红走后，萧军并没有实现去北平的打算，反而在一封信里说自己身体不好，以便让萧红尽快回沪。后来萧军说这是自己在骗她，为的是让她尽快回来。

虽然萧红最初曾打算在北平多住一段时间，但是看起来这里并没有适合她的创作条件。因为这段时间，我们并没有看到她有多少作品问世。那么，是什么影响了她的心情呢？答案很明显，她的心还浸在苦涩之中。

七七事变华北失陷

女性的心总是柔软的，萧红更是一位感情胜于理智的人。接到萧军身体不好的来信，她就待不下去了，急忙打点行装踏上了归程。

6月初，萧红由京返沪，结束了这次一个多月的北平之行。回到上海后的这段时间，二萧的关系似乎比以前有所缓和，因为我们还没有看到发生问题的蛛丝马迹。

实际上如果萧军没有来信，萧红也不会在北平待得太久的。因为，就在她离开那里一个月后，震惊中外的七七卢沟桥事变爆发了。

1937年7月7日，七七卢沟桥事变爆发，日军开始大举侵华，抗日战争全面爆发。从华北到华东，日寇步步紧逼，国军却节节败退，民族命运危在旦夕！

此时，沪上已经聚集了许多来自东北沦陷区的文人，如舒群、罗烽、端木蕻良和二萧等人，后来他们被称做“东北作家群”。

很快，这些人和上海的文人都积极地投入到文化抗战的行动中。他们撰写文章、组织团体，以自己的笔加入到中华民族的全面抗战之中。

就在这时，萧红得知了金剑啸遇难的消息。想到在哈尔滨同金剑啸共办画展的历历往事，想到离哈践行时好友的音容笑貌，想到山河破碎、故乡沦陷的残酷现实，痛惜的萧红写下了悼念亡友的悲

愤诗篇《一粒土泥》。

哈尔滨公园里的金剑啸塑像

别人对你不能知晓，
因为你是一棵亡在阵前的小草。
……
你的尸骨已经干败了！
我们的心上，
你还活活地走着跳着，
你的尸骨也许不存在了！
我们的心上，
你还活活地说着笑着。
……
将来全世界的土地开满了花的时候，
那时候，
我们全要记起，
亡友剑啸，
就是这开花的一粒土泥。

在诗中，萧红深切地表达了对烈士的哀悼和对胜利的希望。1937年8月，上海生活书店出版了纪念金剑啸烈士的专刊《兴安岭的风雪》，萧红的这首诗就收录其中。

二萧在上海的最后居所

离开上海第二故乡

1938 年8月，日本军队开始大举进攻上海。疯狂的日军从海上和空中同时向这座城市进攻，中国军民则奋起打响了八一三淞沪会战。虽然中国军队官兵浴血奋战，却终因寡不敌众而被迫撤退。

八一三前后，上海民众的排日情绪很浓，日本友人鹿地亘、池田幸子夫妇也遭遇了人身安全危机。关键时刻，二萧与许广平一起收留并保护了他们的朋友。重情义又豪侠的萧红曾多次利用女性的身份往来探望，帮助友人渡过了难关。

就在1937年的8月，胡风准备筹办一个文学刊物《七月》，邀请艾青、萧红、萧军等人参加。随后赶来的年轻的端木蕻良也是来自东北的文人，由此二萧与端木结识。因为都是东北老乡，又都是文人，端木与萧红夫妇一开始就相处得不错。

端木蕻良是辽宁昌图人，生于1912年，原名曹汉文。他1928年入天津南开中学读书，接受了进步思想的影响。1932年在清华大学学习期间，加入北平左翼作家联盟，开始了文学创作活动。他的长篇小说《科尔沁旗草原》于1935年完成，成为20世纪30年代东北作家群中的一员。

上海失陷后，中国军队离开了这里。沪上的许多文人都撤往苏州河边的英美租界，继续“孤岛时期”的文化活动。这时，萧红的弟弟张秀珂决定离开上海，他也要到西北去抗日。最后，二萧决定同几位文人一起撤离上海。

上海是萧红崛起的地方。走出黑土地后，上海是萧红停留时间最长的城市。在这里她还得到了鲁迅先生的帮助与提携，因出版《生死场》而一举成名。三年的时间，她已经在文坛

位于山阴路的鲁迅故居

萧红(右)与友人的妻子合影

上崭露头角。

战乱中突然要离沪远行，萧红的心情很复杂。她想起了东北呼兰河畔的家乡，一股乡思油然而生：“在家乡那边，秋天最可爱……”家乡已经成了作家心中挥之不去情愫。此刻又将远离生活了三年的第二故乡上海，她心中的悲怆可以想象。

然而，八一三抗战之后，上海已经成了日本人的天下，她只能像许多文人一样被战乱裹挟着离开这里。从此，这一缕强烈的乡思就始终萦绕在萧红心头。

赴西北民大任教

XIAOHONGYINXIANG

萧红(左)与丁玲(右)

离沪赴鄂避战火

1937年9月上旬，二萧等一行人应胡风之邀离开上海前往武汉。在旅途的轮船上，他们结识了诗人蒋锡金，下船后大家就住到蒋锡金住的那个院落里。

这时的武汉文人荟萃，由于沪上与京津来了不少人，这里差不多成为了抗战文化的中心。在武汉，二萧等人与随后赶来的端木蕻良一同为《七月》杂志撰稿。这期间，他们也结识了更多的文友。

据蒋锡金回忆，当时他与二萧和端木四人在一起就像兄弟姐妹。大家同吃同住，关系融洽而随便。他们经常讨论创作、时局演变，甚至还打算组织宣传队、开办饭馆呢。在此期间，萧红对端木很有好感，两人在一些问题上经常会观点一致。

在蒋锡金的印象里，端木身材瘦高，穿着洋气，说话和声细雨，性格内向又孤傲、显得文质彬彬。这与萧军的粗犷、好强、豪放的性格形成了鲜明对比。当几人争论问题时，端木大多站在萧红一边。

多年以后，据与端木交往过的人回忆，端木性格温和，从不与

二萧（左一、左三）与友人在武汉

人发生正面争执。即使听到别人批他的不实之词，也不辩解或加以反击，这也被看做是他的一种高姿态。

在武汉期间，还发生过一件危险的事。一天，二萧与端木蕻良突然被警察当局抓走了，在拘留所被关了一夜。后来经过胡风的奔走努力，第二天三人才被放了回来。原来是当局看到他们的文章，怕造成对当局不利的影响而采取的行动。这次的一夜惊魂，也让几位年轻人体验到了恐怖的滋味。

在武汉期间，正是离乱中的漂泊触动了萧红的心弦，她开始了思乡之作《呼兰河传》的写作。后来我们看到，那是她最成熟的代表作，也是她献给故乡的一份厚礼。

临汾巧逢战地服务团

1938 年1月，由李公朴创办的位于山西临汾的民族革命大学的一位代表来到了武汉。这位代表臧运远是端木蕻良的老相识。在他的邀请下，端木蕻

当时武汉已是文人荟萃之地

良、萧红、萧军、艾青、聂绀弩、塞克、田间等人决定同赴西北，去设在山西临汾的民族革命大学任教。

1月底，一行人乘火车前往山西的临汾小城。2月初，当他们辗转到达那里时，恰逢丁玲率领的西北战地服务团也到了那里。不久，来自上海的一个演剧队也到了这里，使小城的文化氛围更加浓郁起来。

丁玲生于1904年，比萧红大7岁，是湖南人。她年轻时受到五四运动思潮的影响，开始了文学创作。20年代末，她的代表作《莎菲女士日记》发表，在文坛引起热烈反响，她也成为左翼文学的一位代表。1936年，她辗转来到延安，成为一位西北的文化战士。

萧红与丁玲都是十分独立又有才华的女作家，二人出乎意料地邂逅相遇了。两人见面分外高兴，她们虽然早就彼此闻名，却始终未曾谋面，此番相见自然有说不完的话题。而且两个人就住在一个房间里，朝夕相处使彼此的距离一下子就拉得很近。后来，丁玲回忆了她对萧红的印象：

萧红在西安

萧红(中)、丁玲(上)与端木蕻良（前排右一)及友人合影

> 她苍白的脸，紧紧闭着的嘴唇，敏捷的动作和神经质的笑声，使人觉得很特别，而唤起回忆，但她的说话是很自然而率真的。
>
> 我很奇怪作为一个作家的她，为什么会那样少于世故。大概女人都容易保有纯洁和幻想，或者同时显得有些稚嫩和

西北战地服务团

软弱的缘故吧……

萧红在西安公园

可是，文人相聚的热闹时光十分短暂。很快就传来前线紧张的消息，于是当局决定将民族大学迁向晋西南的偏僻之地。于是，有人打算随学校内迁，有人打算随战地服务团前往西安，也有人打算去更远的延安……曾经热闹的小城顿时寂静下来。

随后，萧红随着丁玲的战地服务团一行来到了西安。这一次萧军没有来，他想去延安，想去打游击……在前往西安的列车上，两位女作家还与众文人一起热情地创作了抗日剧作《突击》。

二萧情断劳燕分飞

在山西的日子里，二萧之间的裂痕日益加大，最终导致了两个人的分手。

在临汾的20多天里，萧红与萧军发生了激烈的争执。显然，他们的矛盾绝非一朝一夕，彼此迁就已经很久了，现在终于到了劳燕分飞的时刻。

许多当时在临汾的文人都记述了他们见到的情形。一方面二萧争执不断；另一方面端木与萧红却关系日近。与虽然豪放却失之粗鲁的萧军相比，可能温和细腻的端木会让自尊的萧红更容易接受，更容易得到她的信赖。

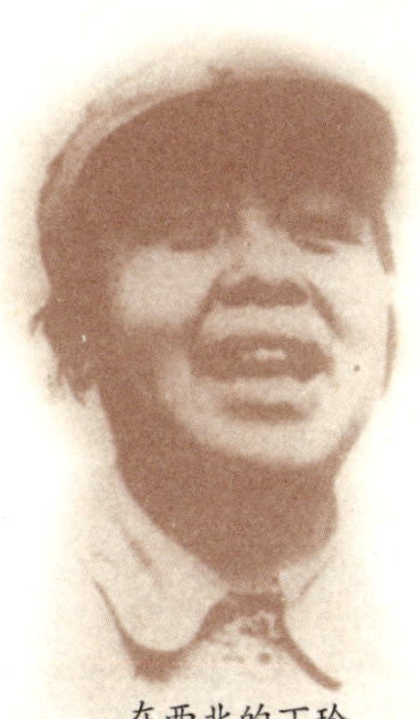
在西北的丁玲

据说二萧闹得厉害的时候，萧军居然对萧红说：你和端木结婚吧，我和丁玲结婚……面对这样直言分手的鲁莽表态，想到曾同行6年的历历往事，萧红内心的苦涩会有谁知？

再加上此前那一段段的情感纠葛的确深深地伤害了萧红。尽管她内心深处依然不能忘却与萧军走过的蹉跎岁月，已经怀孕的她最终还是倔强地接受了分手的现实。但是无论是谁也不会料到：萧红和萧军此次分手竟成人生永诀！

不久日军逼近临汾，众人各奔一方。萧军一直希望有机会打游击、去延安，于是他选择留在西北。那以后，萧红和大家一起去了西安。当她得知萧军转道延安的消息时，该会为自己正怀有他的孩子而百感交集吧。

渴望打游击的萧军

就这样，有人去延安，有人到西安，萧红与端木蕻良决定返回武汉。同萧军粗犷的个性相比，年轻的端木蕻良要文雅安稳许多，他是一位能够倾听萧红心声的对象。再加上同为东北人，又曾有过文学青年间的往来，两个年轻人很自然地走到了一起。

萧军很快就有了新家庭

年轻的端木蕻良与萧红走到了一起

迫战火辗转汉渝

XIAOHONGYINXIANG

萧红在武汉

偕端木返回武汉

就这样，二萧分手后，萧军继续留在西北，不久后他又有了新的恋人；萧红与端木则一同返回了武汉。由于日本友人鹿地亘和池田幸子夫妇也在武汉，萧红就住在他们家里；端木则回到小金龙巷从前住过的地方。

1938 年5月，回到武汉的萧红与端木蕻良在武汉大同酒店结婚。萧红的一些朋友和端木的几位亲友参加了他们的婚宴。其实不仅端木的家人不理解两人的结合，连二萧过去的朋友一时也难以接受她的选择，萧红已经感觉到朋友们异样目光背后的意味。

这期间，萧红与端木参加了文人们举办的文化活动。上海失陷后，南京政府的一些部门陆续迁到武汉，这里的文化人比以前更多了。许多从前的老朋友开始在武汉办刊物、发文章，特别是哈尔滨的老友罗烽、白朗与舒群也来到了武汉，这让萧红十分高兴。

4 月底的一天，胡风召集了武汉部分文化人举行了一次文艺座谈会，艾青、鹿地亘、冯乃超、楼适夷、吴奚如、端木与萧红都出席了这次座谈会。会上大家讨论了关于抗战与作家的相关问题，萧红也在会上发了言。

萧红与端木蕻良在一起

以她一贯直率的性格，萧红主张作家可以用作品来参加抗战，却不一定要弃文从戎。这就像鲁迅曾经说过的话："如果作者是一个斗争者，那么无论他写什么，写出来的东西一定是斗争。"萧红还直抒己见，表达了对创作清醒而成熟看法：

> 作家不是属于某个阶级，作家是属于人类的，现在或者过去，作家们写作的出发点是对着人类的愚昧！

当时以及后来的许多人对此都不能理解，甚至还有人为此批评过萧红。时至今日，重新审视萧红的观点，我们会发现她的见解是理性且有见地的。

战局紧离汉赴渝

这是萧红难得的一段稳定生活时期。几个月中，她继续已经开始了的《呼兰河传》的创作；有时她也写一些短篇作品，她和端木的几篇文章陆续在一些文学刊物上发表。其中，萧红的小说是直接描绘战争给人带来的心灵创伤的。

这时，怀有身孕的萧红显得十分为难。在此之前，她曾经想去医院解除这个麻烦，可是由于已经过了最佳手术时间，医生担心贸然手术会引发不良后果。于是，她不得不拖着笨重的身体等待分娩时刻的到来。

就像在哈尔滨的经历一样，当萧红遇到萧军时，她正怀有汪恩甲的孩子；此时她与端木结合在一起，却正怀着萧军的孩子……难道这也是一种宿命吗？为什么她的经历总是这样使人尴尬、令人苦涩啊！

端木蕻良

可是武汉的安宁并不长久。1938年7月，日军开始向这里集结军队，武汉的时局也变得紧张起来。一些机构开始西迁，停留在此的文人也纷纷撤往重庆。

8月，武汉遭到日军轰炸，当萧红与端木也准备前往重庆时，船票已经很紧张了。几经奔走，结果罗烽买到了两张票，于是他们决定端木与罗烽先出发去打前站。随后，萧红与朋友的夫人两个人结伴同行。

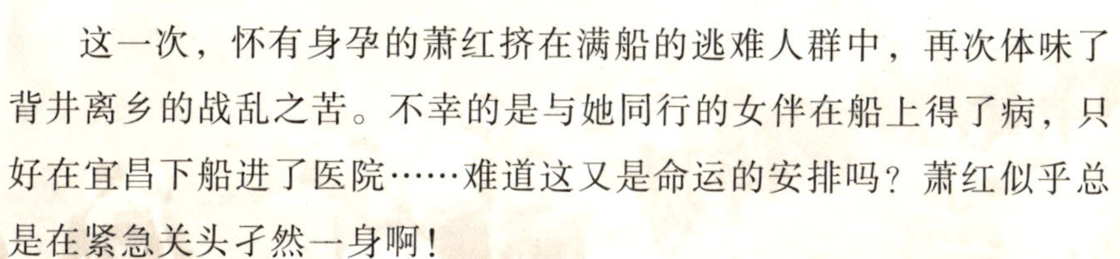

这一次，怀有身孕的萧红挤在满船的逃难人群中，再次体味了背井离乡的战乱之苦。不幸的是与她同行的女伴在船上得了病，只好在宜昌下船进了医院……难道这又是命运的安排吗？萧红似乎总是在紧急关头孑然一身啊！

漂泊似乎是萧红的宿命

二度生子依然笔耕

经过10多天的旅途颠簸，萧红终于随着逃难的人流走下了重庆的朝天门码头。

抗战爆发后的1937年11月，由于特殊的地理位置，重庆被民国政府确定为战时首都，也就是陪都。

重庆四面环山，又被长江和嘉陵江所环绕，是一座位于江水之滨的山城，是一处易守难攻的战略要地。尤其是险峻的长江三峡，成了一个抵御敌人的天然屏障，日本的陆军和海军始终没有攻入重庆，只有靠空袭对付中国军民。这一时期，日军对重庆进行了长达5年的大轰炸，造成几十万平民死伤。

到达重庆的最初日子，萧红曾在端木的友人家住过，后来还与日本友人池田幸子暂住在一起。1938年11月，当她即将生产的时候，她来到友人白朗在江津小镇的家。相对于敌机盘旋的重庆城里，这座小镇应该更安全一些。

不久，萧红在这里生下一个男孩，据说几天后夭亡，也有人说可能是被人抱走了。

就像在哈尔滨生下女儿时一样，二度做母亲的萧红心里应该是很苦的：漂泊的生活和战乱的威胁让她依然别无选择，除了放弃自己的孩子她无路可走。她的心情我们可以从她留下的文字中体会出来。

1939 年6月，她与端木同住进复旦大学文学院的宿舍，当时端木正在这所学校任教。这所文学院曾经邀萧红担任课程，被她以专心创作婉言谢绝了。

遭遇轰炸重庆劫

XIAOHONGYINXIANG

萧红在重庆

罗果夫访谈萧红

在重庆，除了文学创作之外，萧红还接受了当时的苏联使馆文官、塔斯社记者罗果夫一系列的深度采访。

1938年12月22日，萧红应罗果夫之邀谈了鲁迅的事迹。这位后来成为著名汉学家的罗果夫写下了《记萧红的谈话》一文，成为我们了解萧红的一份重要资料。

据罗果夫回忆，他在哈尔滨的时候，曾请人帮自己学习中文。认识萧红后，他又请萧红作了自己的中文老师。在这一段交往过程中，罗果夫向萧红了解了许多鲁迅先生的情况，以及鲁迅和一些作家的交往。

由于日本飞机不断地干扰，他们的课会被时时打断。于是两人在躲进防空洞的时候，就会聊起他们关注的话题，鲁迅自然是一个引人瞩目的人物。

罗果夫向萧红询问：鲁迅都有哪些文友；也了解萧红对鲁迅的第一印象……因此从萧红那里，罗果夫知道了许多关于鲁迅的信息，后来他将这些写入他的文章中。

到1939年11月，应罗果夫之邀，萧红与端木参加了苏联大使馆纪念十月革命的招待会。萧红与罗果夫的交往显然给他留下了很好的印象，后来罗果夫还对别人提起萧红与端木。

后来，罗果夫将一些中文小说翻译成俄文出版时，特别选择了萧红的一篇作品《莲花池》，这是萧红作品第一次在国外出版。

爆炸声中忆鲁迅

不久，重庆的局势也紧张起来，日军持续不断的轰炸很快就使城市变得断壁残垣、满目疮痍。有时，空袭警报一天要响上几次，重庆的民众每天都在空袭警报的恐怖之中。就是在这样恶劣的战乱环境中，萧红却没有放下手中的笔。

这一年，萧红完成了《回忆鲁迅先生》的书稿。这是她将篇篇短文连缀而成的倾力之作；是一部朴实真切地描述鲁迅生活的作品；更是一部关于先生的别开生面的回忆佳作。

萧红（右四）与重庆文人在一起

书中，萧红以近距离的观察视角记述了一幅幅难得的生活画面；以幽

为躲避轰炸市民一天要几次进入防空洞

默诙谐的笔调描绘了生活中可亲可敬的鲁迅，让我们看到了伟大人物十分精彩的侧面素描。

鲁迅一家

在萧红笔下，鲁迅的生活形象特别感人：无论他的谈笑还是议论都是那么吸引人；无论他出行还是居家都生动传神；无论对待老朋友还是年轻人他都是那么和蔼可亲……特别是先生平日的一言一行、举手投足的些微细节，全都被敏感的萧红看在眼里、留在了笔端……

尽管这部作品卷帙并不浩繁，全篇不过只有两万多字，充其量只能算是一本小册子。可是如果你打开它，你会被深深吸引，你就欲罢不能，因为你读到了一个鲜见的、丰满的、立体的鲁迅！

鲁迅先生的笑声是明朗的，是从心里的欢喜。若有人说了什么可笑的话，鲁迅先生笑得连烟卷都拿不住了，常常是笑得咳嗽起来。

鲁迅先生走路很轻捷，尤其使人记得清楚的，是他刚抓起帽子来往头上一扣，同时左腿就伸出去了，仿佛不顾一切地走去。

鲁迅先生一个纸包也要包得整整齐齐……鲁迅先生把书包好了，用细绳捆上，那包方方正正的，连一个角也不准歪一点或扁一点，而后拿着剪刀把捆书的那绳头都剪得整整齐齐。

……

有人来问他这样那样的，他说：

“你们自己学着做，若没有我呢！”

这一次鲁迅先生好了。

还有一样不同的，觉得做事要多做……

萧红（右一）与女友合影

鲁迅先生以为自己好了，别人也以为鲁迅先生好了。

……

又过了三个月……鲁迅先生病又发了，又是气喘。

17日，一夜未眠。

18日，终日喘着。

19日的下半夜，人衰弱到极点了。天将发白时，鲁迅先生就像他平日一样，工作完了，他休息了。

自从1940年出版后，《回忆鲁迅先生》一书已经多次被再版。当人们读了鲁迅先生生活中的故事后，一定不会忘记女作家萧红的名字，不会忘记她那精妙的传神之笔！

友人邀稿决计赴港

在隆隆的爆炸声中，山城重庆迎来了1940年的元旦。

萧红到这里已一年有余，在这里，萧红经历了再次生产的磨难，又饱尝了战乱的苦楚，这样的经历给了女作家太多的感触，她的作品变得更加成熟。

自从来到重庆，萧红就参加了中华文协组织的一些文化活动。中华文协最初成立于武汉，后来受战局影响，在几个月之后迁到了山城重庆。那以后，它以重庆为中心，团结了全国广大文艺工作者，组织开展了长达八年之久的抗战文艺运动。

一年当中，萧红与端木参加了文协北碚联谊会的几次活动。他们有时进行文艺理论的讨论；有时参加对文学青年的辅导活动；有时参与宣传抗战的文艺活动；更多的作家则以手中的笔担起民族抗战的重任。

就像战场的搏斗一样，文化战线的呼号也是推动抗战不可或缺的力量。这段时期，全国的文化人纷纷拿起笔和纸，以诗歌、小说、戏剧、漫画、歌曲等多种形式加入了民族抗战。

1940年1月，日本飞机更加频繁地轰炸重庆，满目焦土的惨烈场面让许多人都感到身心疲惫。促使两人下决心离开这里的是友人的来信，也是长期缺乏创作环境的焦虑与烦恼。

就在此时，香港《星岛日报》的编辑、诗人戴望舒以及《大公报》的编辑杨刚女士来信了，他们向萧红和端木邀稿，还向他们介绍了香港的情况。这让他们萌发了去香港的打算。

再加上萧红这一段身体不好，不断地咳嗽让她感觉肺部不适。于是萧红和端木最后下了决心：他们要离渝赴港。不久后的1月中旬，萧红与端木离开重庆飞往香港。

端木蕻良(左一)与友人在重庆

文人荟萃香港岛

XIAOHONGYINXIANG

香港孤岛文友相聚

香港是中国殖民地色彩最浓的城市。到20世纪40年代，香港已被英国人控制了近半个世纪，城市的风貌与民俗已经大大地被改变了。

此时的港城，富人的洋房与穷人的茅舍已经遍布海湾，国人的贫困与洋人的奢华在这里呈现出令人目眩的反差。海湾里，在豪华的巨轮脚下，贫困渔人的陋舟好像随时会被海风卷走；街道上，你会遇到考究的异国绅士和窈窕淑女，也看得见衣衫褴褛的中国儿童……

1940年1月17日这天，萧红与端木飞抵香港。最初，他们住在九龙乐道8号的大时代书局的办公楼里。两位初来乍到的年轻人并不知道他们将面临什么样的命运，萧红更不可能想到：这里竟会成为她短暂人生的终点！

当时的香港已经荟萃了来自内地的许多名人与文人，而且还有

很多人陆续地从内地赴港。继萧红和端木之后，夏衍、茅盾、胡风、邹韬奋、胡绳、戈宝权及演艺界的许多人都来到这里。

2月5日晚，中华文艺协会香港分会举办了有40人参加的聚餐会，欢迎萧红与端木这两位由渝来港的作家。萧红即席报告了重庆文化粮食恐慌的现状，希望香港文化人士能够加紧供应民众需要的精神食粮。

这一时期，文人们在香港办报纸、创刊物、发文章，使这里成了抗战文化的又一个中心。后来的1941年初夏，由宋庆龄、郭沫若、茅盾、巴金、许地山、夏衍、胡风、许广平等人署名的作品也是在香港报刊上发表的。

远离战火佳作迭出

来到香港后，这里暂时和平的环境让文人们有了创作的条件。于是许多人都写出了自己的代表作品。萧红和端木蕻良也不例外，这段时间萧红在报刊上发表了几个短篇，还开始了她后期最重要作品的创作。

由于端木与朋友们一道办起了刊物《时代文学》，萧红、端木、刘白羽、艾芜、骆宾基等人的一些作品得以在此刊发表。后来，其中的许多文章都成为脍炙人口的名篇，不仅读者甚众，而且影响广泛。

萧红在香港

来港不久的3月初，萧红还与廖梦醒等女性一起，参加了本地几所学校联办的三八节女性座谈会，谈了自己对女性问题的看法。这应该是她直接讨论女性问题的唯一记载。但是在她的作品里，其实早就有了对于女性问题的特别关注。

如果打开萧红全集你就会发现，她的作品特别引人注目的是：她笔下的女性总是比男性形象着墨更多、用力更巨。像王阿嫂、小团圆媳妇、黄良子……她们的故事真实感人又扣人心弦，她们的坎坷命运与悲剧结局也特别令人痛惜。

在她的作品里，底层的女性小人物比比皆是。因为给人家的孩子做奶妈，却失去了自己的孩子，黄良子的故事就是一个典型例证：

> 那天，黄良子听到她的孩子掉下水沟去，她赶忙奔到了水沟边去。看到那被捞在沟沿上的孩子，连呼吸也没有的时候，她站起来，她从那些围观的人们的头上面望到桥的方向去。
>
> 那颤抖的桥栏，那红色的桥栏，在模糊中她似乎看到了两道桥栏。
>
> 于是肺叶在她胸的里面颤动和放大。这次，她真的哭了。

这样的选材和用墨反映了作家鲜明而清晰的女性主义立场。萧红是那个时代并不多见的关注女性生存状态的作家；她是一位为女性小人物呐喊的人文主义书写者；她更是一位敢于冲破禁锢的女性解放的践行者。

《民族魂鲁迅》祭先师

1941 年8月3日，香港文化界联合举行纪念鲁迅60岁诞辰纪念会，会上萧红做了鲁迅先生事迹的报告。晚上接着举行纪念晚会，上演的剧目是鲁迅作品改编的话剧，以及哑剧《民族魂鲁迅》，那是萧红“费了几昼夜的功夫完成的”。

在当时，中国的新戏剧刚开始发展，话剧也还在起步阶段，哑剧这种独特的戏剧形式在中国刚开始尝试。而萧红选用这样的形式来纪念鲁迅真是恰到好处，它正符合先生一贯的庄严风格。她的主张

立刻得到了文协同仁的赞许，大家决定就用这样的形式来抒发对鲁迅的崇仰。

早在这年7月，萧红撰写的《回忆鲁迅先生》一书已经由重庆的大时代出版社刊印出版。书中对于鲁迅的描述已经得到了许多读者的认同，现在要写一个剧本描绘这位伟人，萧红应该是最合适的执笔人。

萧红在香港演讲

就这样，萧红用了几昼夜的时间，将怀念凝注笔端，再一次塑造了这位伟人的非凡形象。演出结束后，香港大公报的副刊立刻连载了这部哑剧的全文，让人们看到了萧红的才华。

据说当天的纪念活动声势浩大，晚上的演出也非常成功。一些演员和导演都是业余的，出于对鲁迅先生的崇敬，大家是自愿聚到一起参加演出的。晚会上，首先演出了鲁迅作品《阿Q正传》的话剧；接着有人表演了鲁迅的《过客》……

最后表演的是压轴戏——哑剧《民族魂鲁迅》。演出结束时，在人们的祝贺声中，在场的友人看见萧红激动得眼里闪着泪花。

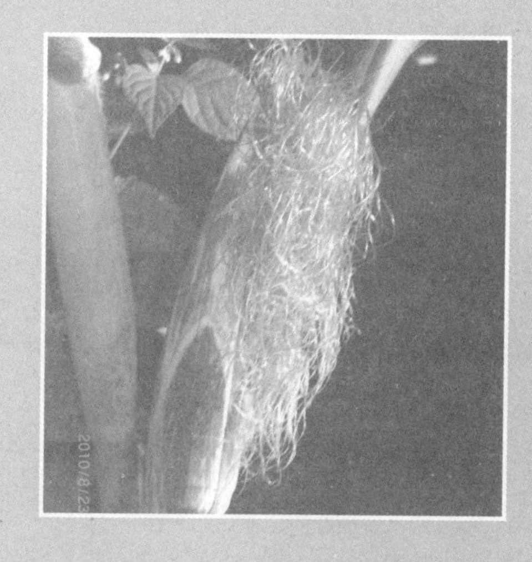

《呼兰河传》思乡曲

XIAOHONGYINXIANG

成熟隽永的代表作

在香港的第一年，忍受着病痛折磨的萧红坚持创作，完成了她最重要也最成熟的长篇作品《呼兰河传》。其实，《呼兰河传》中的一些人物和情节会让人感觉似曾相识，因为在作家先前的短篇作品里，我们已经看到了这些素材片段的影像。

一定是战乱中的漂泊深深地触动了作家的故土情怀。早在武汉时期，萧红就开始撰写《呼兰河传》的最初篇章。在作品中，她饱含着对家乡的无限眷恋，倾情走笔，潜心用墨，绘就了一幅十分珍贵又笔触硬朗的黑土地的素描。

在这部蕴涵着浓郁黑土情怀的作品中，作家打开珍藏已久的乡恋之扉，让思绪重返遥远边塞的呼兰河故地……这里有对童年自由的留恋；有对悲苦人生的慨叹；还有对女性同命相连的扼腕叹息：

> 太阳在园子里是特大的，天空是特别高的……是凡在太阳下的，都是健康的、漂亮的……

> 花开了，就像花睡醒了似的；鸟飞了，就像鸟上天了似的；虫子叫了，就像虫子在说话似的。一切都活了，都有无限的本领，要做什么，就做什么；要怎么样，就怎么样，都是自由的。
>
> ……
>
> 他们看不见什么是光明的，甚至于根本也不知道，就像太阳照在瞎子头上了……他们就是这类人，他们不知道光明在哪里，可是他们实实在在地感得到寒凉就在他们的身上……
>
> 他们被父母生下来，没有什么希望，只希望吃饱了，穿暖了；但也吃不饱，也穿不暖。逆来的，顺受了；顺来的事情，却一辈子也没有。

在家乡，令她记忆深刻的是那辽远而苍凉的北方景色，是那里独有的寒冷与蛮荒。她深情地忆起有祖父和后花园相伴的童年，记起呼兰城中的人与事，还有愚昧麻木中挣扎者的无奈与悲苦；她也记得小城的街坊民俗，记得赶庙会、放河灯、看野台子戏……

无论故乡的环境有多么艰苦，无论那里的生存有多么险恶，这

一切在作家看来都是那么牵动人心、难以忘怀。呼兰河畔的家园是作家魂牵梦绕的地方,《呼兰河传》完美地诠释了萧红心中那一缕激扬又婉约的思乡浓情。

风俗画与赞美诗

后来，当萧红离世多年后，茅盾先生在评论《呼兰河传》时，依然精准地称赞了它宝贵的文学之美。这位大家的评价恰如其分地点出了作品风情独特又弥足珍贵的乡土文化价值。因为它有着：

> 比像一部小说更为“诱人”的东西：它是一篇叙事诗，一幅多彩的风土画，一串凄婉的歌谣……开始读时有轻松之感，然而愈读下去心头就会一点一点沉重起来。可是仍然有美，即使这美有点病态，也仍然不能不使你炫惑。

在作品中，萧红以朴实无华却灵动鲜活的笔调讲述了呼兰河畔

的故事，其中许多人与事都是她耳闻目睹且深有感触的。虽然其中的叙事看似随意、不事雕琢，却令人感觉丰满生动、多姿多彩，仿佛一幅引人入胜的风俗画；也像一首唱给故乡的赞美诗！

作家离世多年以后，其中精彩的景物描绘还被选入当地小学的课本中：

> 晚饭一过，火烧云就上来了，照的小孩子的脸是红的，把大白狗变成红色的狗了，红公鸡就变成金的了，黑母鸡变成紫檀色的了……天空的云，从西边一直烧到东边，红堂堂的，好像是天着了火……
>
> 这地方的火烧云变化极多……五秒钟之内，天空里有一匹马……忽然又来了一条大狗……又找到了一个大狮子……
>
> 可是天空偏偏又不常常等待那些爱好它的孩子，一会工夫火烧云下去了。

那细致的观察和流畅的笔法，让故乡的风景呼之欲出，也让《呼兰河传》成为难忘的经典。也正是这部杰出的代表作，成为萧红跻身于中国文坛的重量级著述。

故乡悠远的历史长卷

无论是在《呼兰河传》中，还是在《生死场》《商市街》《小城三月》里，我们都会发现，写故乡熟悉的人和事、抒发心中切实的感慨是萧红作品的一大特色。敏感而聪颖的萧红喜欢描绘故乡的景色与往事，她的作品以故乡题材居多，这等于为后人留下了百年前的生活画卷。

严冬一封锁了大地的时候，则大地满地裂着口。从南到北，从东到西，几尺长的，一丈长的，还有好几丈长的，它们毫无方向地，更随时随地，只要严冬一到，大地就裂开口了……

大地一到了这严寒的季节，一切都变了样……

……

生、老、病、死都没有什么表示……生了就任其自然地长去；长大就长大。长不大也就算了。老，老了也没有什么关系，眼花了，就不看；耳聋了，就不听；牙掉了，就整吞；走不动了，就瘫着……

蚁子似地生活着，糊糊涂涂地生殖，乱七八糟地死亡……

今天无论是考察呼兰城的过去，还是回顾哈尔滨的往事，我们都可以从萧红的作品中找到很有价值的历史素材。因为萧红在

呼兰、哈尔滨的许多经历已经被她录入到自己的作品中。在当时留下的寥寥无几的著述中，萧红的作品的确具有不可忽视的历史文化价值。

在《呼兰河传》里我们了解了呼兰的古朴民风；在《商市街》里我们看到了开埠之初的哈尔滨；在《生死场》和后来的《小城三月》里，我们更体会了黑暗重压下的生与死……

我们可以看到，在萧红最重要的作品里，她始终以悲悯深沉的笔调、细腻饱满的情感描绘黑土地底层民众的痛苦与挣扎。这是一种具有人文关怀意义的高度的人道主义自觉；也是作家记录生活、定格历史的宝贵贡献。

在《呼兰河传》以及《生死场》《商市街》《小城三月》等作品中，像有二伯、王阿嫂那样的小人物形象俯拾皆是，他们的生存窘况始终令作者痛彻肺腑。这些可悲的小人物被塑造得真实感人又命运凄惨；既引人同情又发人深思，集中体现了萧红的对人的命运的关注。

抗病魔心高体弱

XIAOHONGYINXIANG

未竟之作《马伯乐》

在萧红所有的作品里，只有她的长篇小说《马伯乐》在风格上是个例外，因为它是一部具有鲜明的讽刺色彩的作品。

在萧红其他的作品里，我们曾经看到过她以轻松幽默的笔调描述人与事。这是她写作的一个特点：在沉重的主题下时而揉进自然质朴的细节的诙谐。

1941年初，风格迥异的《马伯乐》上卷出版了。可能当时的萧红没有想到她后来还会继续写下去，因此出版时并没有标明上卷字样。当然在开始下卷的撰写时，她也不会想到这部作品竟然成了她永远也完不成的作品。

就像19世纪的屠格涅夫笔下可怜的“多余人”一样，抗战时期的马伯乐也是一种小人物的典型代表。他被战乱逼迫得不断逃难，可是

他表现得俨然如豪言壮语的“英雄”，实则却是一个行为怯懦的矮子……显然，萧红对社会百态的洞察体悟已经上升到新的讽刺层面。

《马伯乐》是萧红描述战乱的唯一长篇。在这里，她揭露了帝国主义侵略战争给中国人民带来的灾难；也满怀激情地记述了国人英勇抗战的一幕幕情景：

> 飞机越飞越近，好像要到全上海的头顶上来打的样子……法租界的医院通通住满了伤兵……伤兵的车子一到来，远近的人们都用了致敬的眼光站在那里庄严地看着。
>
> ……
>
> 听了船老板这样反复的坚强的宣言，人们都非常感动……乘客们在感动之余，不分工、商、农、学、兵，就一齐唱起义勇军进行曲来！
>
> “起来，不愿做奴隶的人们，把我们的血肉筑成我们新的长城，
>
> 中华民族到了最危险的时候！
>
> ……
>
> 我们万众一心，冒着敌人的炮火，前进……”
>
> 这时候，大江上的波浪一个跟着一个滚来，翻着白花，冒着白沫，撞击着船头……

不过就在萧红创作颇丰的这段时间，身体健康再一次出现问题，这困扰又一次影响了她。在与编辑谈到作品是否继续连载的问题时，萧红曾表示：很遗憾自己不能给马伯乐做一个光明的交代了。

最后《马伯乐》下卷只写到第九章，她就在7月因病搁笔了。于

是这部作品也就成为萧红的未竟之作。

疾病缠身笔耕不辍

从1940年初抵港，萧红过上了一段和平生活。虽然依然生活清苦，但她毕竟可以安静地创作了。因此她的两部重要的长篇先后问世。

到1941年春天，萧红的身体状况已经开始恶化，但她还是没有放弃创作。3月，她的小说《北中国》发表；4月，她又为《大地的女儿》写了一篇评论，那是为赞誉美国朋友女作家史沫特莱的自传体小说。

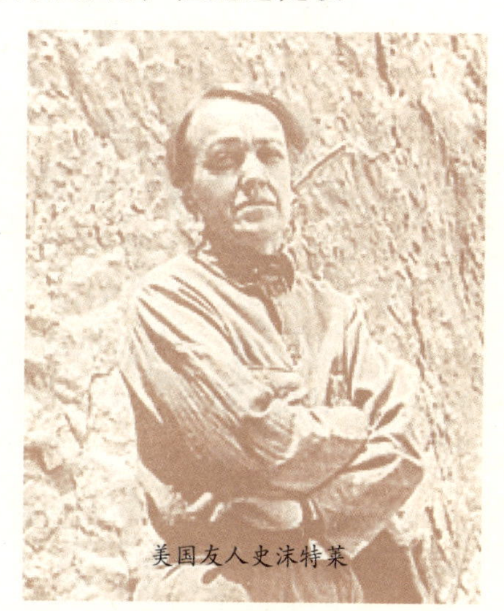
美国友人史沫特莱

萧红是当年在上海的鲁迅家认识史沫特莱的。这一次，途径香港的史沫特莱特地来看望萧红。萧红在读过史沫特莱的小说《大地的女儿》后，写下了一段精准的评价：

> 书里的人物痛苦了，哭泣了，但是在作者的笔下看到了他们在哭泣的背后是什么，也就是他们为什么而哭……
>
> 这可以看见作者的对于不幸者的帮忙。她对不幸者永远寄托着不可遏制的同情。

同样，萧红也是一位充满同情心的作家，她对贫弱者的关注也让史沫特莱很钦佩，她称赞萧红是一位："在许多方面远比美国女性先进的中国新女性。"

来探望时，看到萧红的住处很简陋时，史沫特莱将萧红带到了她居住的别墅。这是史沫特莱一位英国朋友的家，尽管在那里只住了几天，却是有利于萧红健康的短暂休养。看到被疾病折磨的萧红，史沫特莱还介绍她去著名的玛丽医院就诊。

据说，史沫特莱离港前曾告诉萧红，日军很快就会进攻香港，还劝他们二人离开香港去新加坡。由于一些客观原因，他们暂时还不能离开。假如知道这里很快会被日军占领，也许他们会选择离开的；假如他们那时离开了香港，萧红也许不会在战乱中过早陨落！

凄婉动人的《小城三月》

就在这段时间，萧红另一篇风韵独特的短篇力作也问世了，它就是动人心弦、缠绵悲凉的《小城三月》。

《小城三月》并不像萧红其他的作品那样简约放达，而是一篇细腻感人的婉约之作。在这里，萧红以孩童般的视角、精微的观察、动人的笔触，描绘了青春少女翠姨为情所困的凄美的爱情挽歌。

20世纪初年的北方乡镇，一次偶然的机遇，沉静内向又聪颖灵秀的翠姨邂逅了小她一辈的同龄人，一位潇洒帅气的书生哥哥。

短暂的交往让少女暗生情愫，礼教的束缚又阻碍她吐露心声。暗恋与相思如影随行，搅乱了少女曾经沉寂的心，而那波澜不惊的层层涟漪却最终导致了少女的早亡……

在文中，我们并没有看到特别明晰的言语和行动：只是日常生活的慢条斯理；只闻旁敲侧击的轻声细语；只有日薄西山的形单影只；只见荒郊孤冢的衰草枯杨……就这样，萧红以那支洞察敏锐的笔，书写了一篇封建礼教导致的催人泪下的爱情悲剧！

SELECTED STORIES OF XIAO HONG

Panda Books

小城三月

《小城三月》英文版封面是端木蕻良画的插图

> 春天啊它为什么不早一点来，来到我们这城里多住一些日子……
>
> 但那是不能的了，春天的命运就是这么短。
>
> ……
>
> 年轻的姑娘们，她们三两成双，坐着马车，去选择衣料去了……她们白天黑夜地忙着，不久春装换起来了，只是不见载着翠姨的马车来。

这结局，多少年后依然牵动着作者的心，难道萧红当年抗婚就没有这一次记忆的缘由吗？这结局，多少年后依然牵动着读者的心，难道对它的记忆会随着时间的推移而变淡变远吗？感谢作家这最后的力作，她绘就了一幅黑土边陲之地封建礼教害人的重彩工笔

画卷。

从另一个角度看,《小城三月》又是萧红女性主义视角的最佳诠释。尽管她的作品以女性人物居多;尽管她的作品女性主人公塑造得最好,但其中最能打动人、最有穿透力的还是《小城三月》。正是这位看似模糊、实则真切的翠姨让我们感受了性别历史的悠远沧桑!

病重倾情思乡书

XIAOHONGYINXIANG

弟弟张秀珂已在西北

《给流亡异地的东北同胞书》

1941 年9月，在纪念九一八事变10周年的日子里，萧红接连撰写了两篇纪念文章。

9 月在《时代文学》上发表的《给流亡异地的东北同胞书》特别引人瞩目，也十分令人振奋！这是一篇情深意切、笔酣墨畅的抒情散文，它和同月发表的另一篇文章《九一八致弟弟书》有异曲同工之妙，字里行间充满了对家乡亲人的强烈思念与牵挂。

在文中，萧红以10年为线索、以反侵略为主线，尽情抒发了从沦陷到抗战的激越情怀；文章饱含着漂泊者的怀乡之情，倾诉了她对家乡的无限眷恋。在这两篇文章里，萧红对故土亲人的深切怀念随处可见；她对于抗战必胜的坚定信念与慷慨陈词，读来依然感人至深！

当每个中秋的月亮快圆的时候，我们的心总被悲哀装满，想起高粱油绿的叶子，想起白发的母亲或幼年的亲眷……

第一个煽起东北同胞的思想是："我们就要回老家了！"家乡多么好呀，土地是宽阔的，粮食是充足的，有顶黄的金子，有顶亮的煤……人类对家乡是何等的怀恋啊！

……

思乡的萧红

但是等待了10年的东北同胞，10年如一日，我们的心火越着越亮……中国的胜利已经到了这个最后阶段，而东北人民在这里是决定的一环。

东北流亡同胞们，为了失去的土地的大豆、高粱，努力吧！为了失去的土地上的年老的母亲，努力吧！为了失去的土地上的痛心的一切的记忆，努力吧！

就在这个月，萧红住进玛丽医院，很快被查出肺病……从此，她就卧床不起了。

在香港，萧红和端木搬过几次家，他们刚来时住在九龙，有两次住在时代书店的办公楼里。这期间的生活是清苦的，对于一个体弱的人已经很不利了，况且萧红还要坚持写作，甚至也要操持家务，其艰难可以想见。

而这时端木也很忙，他忙于编辑《时代文学》的稿子，还有他自己也要创作，经常忙得不可开交，以至疏于对萧红的照顾。

病榻之上思故友

这时，萧红的病已经越来越重了。多年漂泊的生活，加上两次生产的损害，已经让她体弱多病了。后来在重庆的一段时间，她曾长久地咳嗽，就像得了肺病一样。

来到香港后，一方面写作繁忙，另一方面生活条件依然艰苦，她的身体不但没有得到恢复，反而愈发糟糕了。这段时间，老诗人柳亚子也多次来探望病中的萧红，而且多次赠诗鼓励她战胜病魔。

柳亚子是中国同盟会的老会员，后来他被当局迫害，遭到通缉。抗日战争时期，他流亡到重庆、桂林、香港，自比为行吟泽畔的屈原。在萧红最后的一个月，诗人柳亚子恰在香港。

他与端木和萧红相识后，知道萧红的病况就常来看她，还写诗鼓励她战胜病魔。由于老人常来探望，萧红获得了许多安慰，有时萧红也会作诗请先生指教。

从柳亚子当时的一首诗文中，可以见证这一段忘年友情。那次柳老探望萧红时，带来了一束鲜花。萧红将瓶中的残花斥去，插上了芬芳的鲜花……见萧红怅然若失，柳老赋诗安慰她：

东北作家舒群、罗烽、萧军

作家胡风

轻扬炉烟静不哗，
胆瓶为我斥群花。
誓求良药三年艾，
依旧清淡一饼茶。
风雪龙城愁失地，
江湖鸥梦倘宜家。
天涯孤女休垂泪，
珍重春韶鬓未华。

不过在身体稍好的时候，萧红特别不愿待在医院里。只要病情允许，她就会离院回家，到了身体不支时才再度入院。这期间许多文人朋友都来探望病中的萧红，戴望舒、杨刚、茅盾、巴金、胡风等人就在其中。

此时，躺在病床上的萧红精神还算饱满。同为病友的舞蹈家戴爱莲回忆了她对萧红的印象：虽然身体虚弱，但头脑清醒，精神乐观；朋友夫人金秉英也记得萧红性格爽朗，爱说爱笑。不久，回家的萧红又在朋友的劝告下住进了医院。

这年夏天，胡风自桂林抵港，来探望病中的萧红。见到老朋友胡风，萧红异常欣喜和兴奋地说：

我们一起来办一个大杂志吧！把我们的老朋友都找来写稿子，把萧军也找来……

如果萧军知道我病着，我去信要他来，只要他能来，他一定会来看我、帮助我的！

病中的萧红在感到无助的时候想到了萧军，可见萧军在她心目中的形象。

后来，在萧红病重的时候，柳亚子还和周鲸文、于毅夫、戴望舒等几位朋友共同捐资，用来帮助卧病在床的萧红。

寂寞萧红无所依

1941年12月，太平洋战争爆发，九龙陷于炮火之中。12月9日，端木和骆宾基把萧红渡到香港。在周鲸文、柳亚子、于毅夫的资助下住进了思豪酒店。由于日军轰炸激烈，不久又迁到酒店后山上的民宅中，暂住在周鲸文家里。

年轻的端木蕻良

香港沦陷前后，萧红又多次住院、转院。在辗转中的最后日子里，端木因忙于刊物，特请意欲离港的骆宾基留下助他照顾萧红。因此，骆宾基得以在萧红最后的日子里，像弟弟一样在身边照顾她，他也成了萧红在最后时刻交往的一位朋友。

骆宾基当时也是一位文学青年，他是萧红之弟张秀珂的朋友，来港后又投到端木这位东北老乡处求援。不久，他的小说在端木编辑的《时代文学》上发表，因此有了可暂时度日的稿费。

后来，骆宾基在萧红身边充当了陪护的角色，成了她最后时刻的见证人。萧红逝世以后，他在1946年写下了第一本《萧红小传》，虽然篇幅很短，却是萧红生平的宝贵资料。

12月，太平洋战争爆发后，准备离开香港的骆宾基给端木打电话辞行。不料端木却提出：请他留下来帮助照顾病重的萧红。面对此求骆宾基自然义不容辞，他慷慨允诺并留了下来。后来，骆宾基在回忆文章中记述了他在萧红身边的最后日子。

据骆宾基回忆：12月，端木曾打算和文艺界的一些朋友一道离开香港。病重的萧红曾对骆宾基说："端木是准备和他们突围的。从今天起就不来了，他已经和我说了告别的话。"

后来，已病入膏肓又寂寞孤独的萧红又对骆宾基说："如果三郎在重庆，我给他拍电报，他还会像在哈尔滨那样来救我……"这样落寞的心情怎么会对病情有好处呢？

当然，后来端木由于种种原因并没有离开香港。但他这种行为却让萧红深深地体会到被冷落的痛苦，无论如何在萧红最需要关怀照顾的时刻，他却没有经常待在她身边。我们也清楚，从小就被别人呵护的端木怎么会懂得去照顾别人呢。

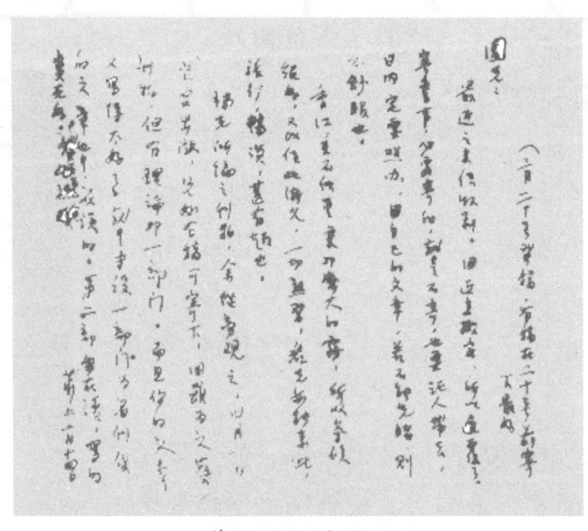

萧红写给朋友的信

惜才女英年早逝

XIAOHONGYINXIANG

遭遇误诊心高命舛

这段时间，骆宾基担当了重要的陪护角色，经常守在萧红的病床前。据他的回忆，12月25日香港沦陷前后，许多文化人离开了香港。

此时，萧红被送入养和医院，她感觉喉肿、胸闷、呼吸困难，说明病情已经很严重了。1942年1月12日，萧红在养和医院做了手术，术后她十分痛苦。

原来，这里的医生将她的病误诊为喉瘤，切开了喉管。结果，萧红的喉部接上了铜管呼吸管，呼吸时这个铜管会发出咝咝的声响，甚至连说话都带有咝咝的杂音，并且还无法饮食，只能靠葡萄糖输液维持生命。

这次手术大伤了萧红的元气，她的身体更加虚弱。这手术更让萧红受到极大的精神打击，她的情绪顿时低落下来。据说萧红有时会沉默不语，她应该已经意识到自己的生命将要结束了，知道自己以后再也不能写作了。

在一个夜深人静的晚上，萧红对一直照料自己的骆宾基做了关于《呼兰河传》和《马伯乐》两书版权的交代。据说，她是要以这有限的收入来感谢骆宾基这些日子的照顾。随后她平静地倚在病床上对骆宾基和端木蕻良说：

> 我本来还想写些东西，可是我知道我就要离开你们了，留着那半部“红楼”给别人写去了……生活得这样，身体又这样虚，死，算什么呢！我很坦然的。

骆宾基站在床边哭了，萧红关切地望着这位和自己的弟弟年龄一样的青年，安慰说：“不要哭，你要好好地生活，我也是舍不得离开你们呀！”萧红说着自己的眼睛也湿润了：“这样死，我不甘心。”听了萧红的这番话，端木也忍不住哭了。

心有不甘溘然离世

此时，病重的萧红已经意识到自己将不久于人世了。她嘱托骆宾基，将来要把她的骨灰埋在鲁迅墓旁。因为在她离家以后的人生里，还没有什么人像鲁迅先生那样可以信赖。

1月17日，已经不能说话的萧红用手势向骆宾基要来纸笔，歪歪斜斜地写下了这样的话：

> 我将与蓝天碧水永处，留得半部“红楼”给别人写吧……半生尽遭白眼冷遇，身先死，不甘，不甘！

1月18日上午，极度虚弱的萧红被养和医院转入玛丽医院治疗。医院为萧红做了检查，确诊为肺结核与恶性气管扩张。显然，养和医院的误诊和手术耽误了萧红的治疗，导致她病情恶化。

作家骆宾基

1月21日清晨，多天不振的萧红显得脸色好了许多，能发出一点声音了，还吃了一点苹果和罐头。看到这样的情景，骆宾基抽空离开医院，他要去九龙办点事。

可是骆宾基没有想到，就在他离开那天晚上，日军占领了玛丽医院，所有的病患都被赶了出来。已经生命垂危的萧红又被转往红十字会设在圣士提梵女校的临时医院。

1月22日，当骆宾基第二天返回时，发现玛丽医院已经变成了日军的伤兵医院。他急忙赶往端木的办公室，看到了桌上告诉他萧红病危的字条，才找到圣士提梵女校的临时医院。

当他冲进医院找到端木时，发现又一次被转院的萧红已经陷入昏迷了。只见萧红脸色惨白，双眼紧闭，头发散乱地披在枕后，喉管开刀处有泡沫涌出……后来她的脸色逐渐转黄，越来越灰暗……

1942年1月22日中午11时，被病痛折磨已久的一代才女停止了呼吸，萧红怀着一腔“不甘”溘然离世，那一年她只有31岁。

埋骨青山浅水湾

尽管萧红早已体弱多病；尽管不断有情感的隐痛；尽管不能忽视那误诊的手术……但我们还是看得出：是漂泊与战乱夺去了萧红年轻的生命。

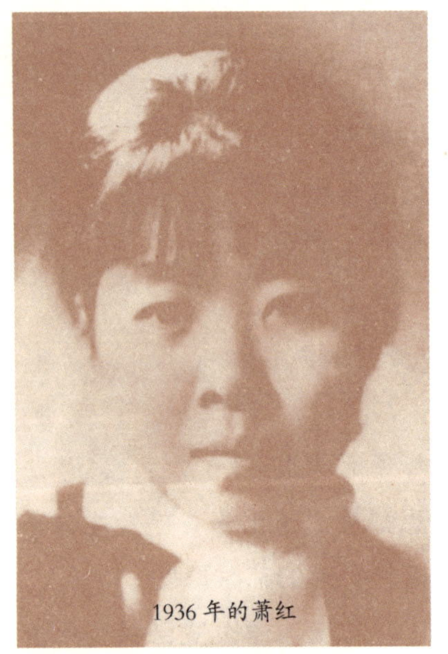
1936 年的萧红

尽管萧红已经住院多时，可她的离世还是让端木蕻良遭受了巨大打击，他一下子陷入茫然无措之中；也让一直陪伴她的骆宾基感到悲痛万分，就像失去了自己的姐姐。

此时香港正处于混乱当中，走投无路的年轻人听说日本人控制了那里的火化场，就去求人协调，帮助完成萧红的火化，没想到对方竟然同意了。随后，端木在一家古董店买了两个瓷瓶，用来存放萧红的骨灰。

位于浅水湾的萧红之墓

火化前的匆忙中，端木剪下了萧红的一缕青丝，作为留念将它保存起来。40 多年后，他将这珍贵的发丝赠送给了呼兰的萧红纪念馆，它现存于呼兰西岗公园内的萧红纪念墓中。据说他们还拍下了萧红的遗容，只是至今照片已不见踪影。

1 月25日，端木捧着萧红的一罐骨灰，和骆宾基一起来到当时还很荒芜的浅水湾。将萧红的这罐骨灰葬于蓝天碧水旁的沙滩上，并在埋葬的地方立了一块由端木手写的木牌作为墓碑，上书“萧红之墓”四字。当时还拍下了一张墓碑的照片。

当天晚上，端木又与骆宾基一道，将另一罐骨灰悄悄地埋在圣士提梵女校面向东北山坡的一棵树下。其回望故乡的寓意显而易见，这应该最符合萧红的思乡之情！

香消玉殒数十载

XIAOHONGYINXIANG

寄悲情文友悼萧红

几天后，端木与骆宾基一起乘上了离港的轮船，轮船的终点是广州。那以后，他们辗转到了桂林。后来又去了重庆、上海等地。

自那以后，凡有与女作家相识的文人到港，多会前往浅水湾去凭吊萧红。他们或诗或文抒发万千感慨，让更多的人认识了这位走出黑土地的女作家。

萧红离世以后，柳亚子曾以“哭萧红”的诗句怀念早逝的作家。在医院里，萧红称自己是天涯孤女，柳亚子也曾在诗中这样称呼她；而“珍重春韶”的诗句还音犹在耳，一代才女却已随风而逝，这的确令人扼腕哀叹、唏嘘不已！1942年8月，柳老在一首悼萧红长诗中写到：

诗人柳亚子

黑龙王气黯然消，钟灵独数婵娟子。
婵娟自昔多坎坷，飘零异代宁殊科。
慷慨抛家入汉阙，当年意气倾山河。
……
芦中亡士正艰危，风雨潇湘死别哀。
一代红颜怜下葬，皓躯成骨骨成灰。

几个月里，不断有报刊刊发萧红去世的消息。5月，这消息传到西北，在那里的一些文人聚在一起悼念了萧红。包括曾经与她有过交往的丁玲、艾青等人；还有萧军、舒群、罗烽、白朗等来自东北的老友，他们正是当时东北作家群的中坚力量。

1942年11月，在香港的戴望舒与叶灵凤一起来到浅水湾，拜祭了故友萧红。后来在1948年夏，郭沫若曾在浅水湾的萧红墓前，向来到这里的年轻人介绍这位已故的女作家。

1944年，戴望舒应端木之托，来到浅水湾凭吊萧红墓。他在墓前留了影，还赋诗一首怀念萧红，之后他请人将照片与诗文一起转给了远在外地的端木。戴望舒这首诗充满了悲悼：

走六小时寂寞的长途，
到你头边放一束红茶。
我等待着，长夜漫漫，
你却卧听着海涛闲话。

诗人戴望舒

1948年11月，离开这里已经6年的端木蕻良辗转来到香港。他和友人一起来到圣士提梵女校，找到东北山坡的那棵树的位置，并拍照留存。然后，他来到浅水湾畔的萧红墓前，凭吊与自己共同生活了4年的伴侣；凭吊这位英年早逝的一代才女。

此时端木的心情可以想见，面对物是人非、往事如昨，他应是心潮难平的！而且此时抗战胜利，东北早已光复，该是祭告佳音的时刻了。清了墓边的杂草，添了护碑的块石，端木再一次离开他生活了两年的伤心之地。

自那以后，他北上京城并在那里住了下来。可是，他再也没有机会来香港了：五六十年代的坎坷际遇羁绊了他南望的心弦。

1948 年 11 月端木蕻良(左)与友人在香港

魂归广州银河墓

时光荏苒，沧海桑田，转眼到了20世纪50年代。许多人对于萧红的印象已渐渐模糊，只有相识的文友还记得浅水湾畔的作家之墓。

不久，有人发现萧红墓上长出的小树被伐掉了。1956年夏天，来到浅水湾的作家陈凡发现：萧红墓已被夷为平地，墓址被小贩占据了。他立刻给人民日报写了一封信：当年的“生死场”而今已成为祖国建设繁荣之地，也应该接萧红回去看看吧？

陈凡的信激起了波澜，可是在北京的端木此时正陷于政治风波，自身难保；在香港的文人更加焦急，因为事情就发生在那里，倘不挽救则后果难料。

1957 年3月，作家叶灵凤在香港的中英学会做了关于萧红事迹的报告。会上，作家文人们纷纷发言，就解决萧红墓危机提出建议。

1957 年夏，港粤两地文人完成了萧红骨灰交接仪式

在香港与深圳的文人完成了骨灰交接仪式

50年代端木陷入困境

最后众人决定给端木蕻良写信，征求他的意见。可是据说，端木并没有接到香港来信，因为他此时正处在“反右斗争”的漩涡里。

夏天很快来到了，7月浅水湾传来消息，附近的香港大酒店将在这里建一个游泳池，并且已经开始挖掘地基。始终没有得到端木蕻良回信，在港文人们感到刻不容缓了，他们决定先去寻找萧红的骨灰，找到后先暂时保存起来，再做处理。

恰在此时，中国作家协会得知此事，他们协调了端木蕻良，共同委托广州与香港作家来完成迁墓。而此前由叶灵凤奔走办理的香港迁墓手续也终于完成。

据当事人回忆，他们在浅水湾墓地挖了几处都未发现陶瓮。后来工人的锄头突然碰得当啷一响，只见一个黑色陶罐出现了，打开看正是萧红的骨灰。

就这样，几位在港的文人找到了埋在浅水湾的萧红骨灰，将其移送到港深交界处，转交给广州作协方面的来人。当时接送骨灰的文人们还在九龙红磡的一座亭子前留了影。随后，萧红的骨灰被安葬在广州东郊的银河公墓。

回首往事，如果没有陈凡、叶灵凤、秦牧等文友的呼吁与奔走，这次行动是不会完成的；如果没有港粤两地作家的相送与安葬，迁墓行动也不会这样顺利。因此我们要感谢他们的宝贵贡献！感谢他们对萧红的怜爱与呵护！

时至今日，作家之墓依然伫立在银河公墓幽深的墓园中。对此我们会陡生感慨：感谢南国的绿荫庇护着黑土地的女儿；庆幸作家之魂终有一方静谧的栖息之所！

芳名载入文学史

从20世纪30年代的《生死场》到未竟之作《马伯乐》，萧红坚实稳健地完成了自己文学之旅的涅槃。从20世纪50年代开始，萧红更多的作品进入了人们的视野；作家的名字也为更多的国人知晓。

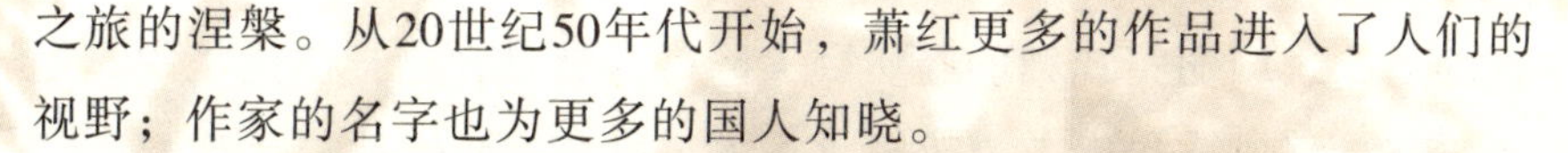

50年代初，端木蕻良将萧红作品的版权交给了人民文学出版社。从那以后，萧红作品不断以选集或单行本的形式出版；而60年代的地方小学课本也收入了一些经典段落，其中关于火烧云、后花园的精彩描述是很为人称道的。

在当时以及近年的中国现代文学史中，萧红的名字与同时代的许多作家一样列入其中。而她的与众不同是：她是代表黑土地的东北文学名家，她的作品真实地记录了曾经的历史。

在萧红多达百万字的作品中，除了《生死场》《呼兰河传》《马伯乐》3部长篇小说，还有《商市街》《小城三月》等许多中短篇作品与文集，以及一些诗歌、书信和剧本。在不足10年的创作生涯中，这样的数量也该让人感到惊叹了。

呼兰故居里的萧红塑像

要知道，萧红是处在怎样疲于奔命的漂泊之中啊！她有过抗争、有过流浪、有过被骗、有过逃亡、有过无奈、有过奋争……

她的道路坎坷曲折；她的经历令人唏嘘。就是在这样的逆境中，她始终坚持写作，为后人为故乡留下了一帧又一帧生动的画卷。

将写作看得无比神圣，萧红才会在离世前慨叹未竟的“半部红楼”……正因笔端饱蘸深情，关注底层民众，再加上她的敏感与才华，萧红的作品才会历久弥新、感人至深！

虽然时光过去近70年，今天打开萧红的篇篇佳作：在朴实无华的字里行间，我们依然可感受女作家跃动的脉搏；感受那一颗真挚而崇高的心灵！

冬日萧红故居

归故里才女魂兮

XIAOHONGYINXIANG

最忆女儿是故乡

从20世纪60年代中期到70年代末期，席卷中华大地的那场浩劫阻遏了人们阅读萧红的渴望。在黑龙江甚至在小城呼兰，除了亲友故交，知道萧红的人已经不多了。只有一些文人学子还记得这位故乡的女中翘楚，记得她就生长在呼兰河畔的小城。

在作家离世半个世纪后，当故乡的许多人对萧红的记忆已开始模糊时，自20世纪70年代末起，一股关注与研究萧红的热潮悄然兴起。而且，随着时间的推移越发隆盛。

当文化的严冬开始融化的时候，本地的文人故友最先撰写了回忆萧红的文章；最早踏上了寻找萧红的道路。有幸的是，一些当年与萧红交往的亲朋故友还在，他们的记忆还清晰可辨。于是有人就萧红身世的一些问题进行了走访调研，搜集了一些宝贵的资料。

在冰雪刚刚消融的1981年，呼兰县就与黑龙江省作家协会一起召开了第一次大型的萧红学术研讨会，文人学者与亲友故旧80多人出席了这次会议，会后众人参观了萧红故里。

到了1982年，小城里的呼兰师范专科学校率先成立了萧红研究室，一些关注者参加了研究室与黑龙江省文学会共同举办的学术活动，研讨会在当时产生了较大的影响。

1984 年，端午节将临的时候，海内外来呼兰探究作家故里的人

呼兰西岗公园里的萧红青丝冢

多了起来。大家看到了萧红被关注的热潮，县志办的负责人提议成立一个民间的萧红研究会。经过县宣传文化部门的讨论，又征求了萧红亲属和哈尔滨史志专家的意见，最后确定名称为：呼兰河萧红研究会。

会上还决定将萧红读书的小学命名为萧红小学，将那里的道路改为萧红路。接着，县里安排专人负责研究会的筹备工作。到这年的12月22日，呼兰河萧红研究会举行了成立大会。

修复故居辟建墓地

自1984年12月研究会成立以后，最初有过将广州银河公墓的萧红骨灰迁回家乡的想法，后来考虑时机还不成熟而暂时作罢。

同时想到，海内外来呼兰探访萧红的人越来越多，将萧红故居修复起来是一件可行也应做的事。于是县宣传文化部门决定因陋就简，想方设法筹款甚至求援，来安排故居的修复。还计划在第二年端午节完成迎客。

清明节时总有人在墓前凭吊

结果，故居在1985年端午节才开工，到1986年端午节开始迎客。这第一次修复完成了五间正房的恢复；后来又修复了正房后面的后花园。那以后故居修复的面积不断扩大，至今它已成为呼兰乃至龙江的著名人文景观。据说在开馆后五年间，故居就接待了5万的参观者。

1991年，哈尔滨日报总编辑来故居参观，得知呼兰人在筹划为萧红建墓和纪念碑的事情，当即决定由报社出资援建。不久，位于呼兰西岗公园里的萧红纪念墓建成，让人们有了一处可以凭吊萧红的地方。

在此期间，呼兰人到北京找到端木蕻良，商量从广州迁墓事宜。鉴于此事不会在短时间完成，端木蕻良拿出了保存多年的萧红的一缕青丝。后来这青丝被放到萧红纪念墓里，这墓葬就成为了萧红的青丝冢。

在研究会的不断努力下，呼兰县在1993年举办了首届萧红文化节；在2001年举行了纪念萧红九十诞辰学术研讨会。在这两次大型活动中，来自海内外的专家学者和各界人士汇聚一堂，交流研讨了各自的研究成果，对萧红研究的提升起到了极大的推动作用。

晚年萧军

晚年端木蕻良

亲友聚首呼兰河

萧军是1946年由延安回到哈尔滨的。这城市是他邂逅萧红的地方，也是二萧共同生活并开始笔耕的地方。12年后故地重游，萧军一定会睹物思人，想到已逝的萧红，想到呼兰河边的萧红故乡……

不过这回忆还没有来得及梳理，他就陷入了自己的蹉跎岁月。从40年代末到70年代末，当萧军重新被称为“革命作家”时，他经历了被冤枉、被冷落、被遗忘、被批斗的多次人生磨难。

当30年的冤案大白时，萧军已是古稀之年；唯一没有改变的就是他的性情，他依然爽朗乐观，依然铁骨铮铮！晚年的萧军多次来到哈尔滨，也多次到萧红故乡缅怀这位当年的伴侣，留下了他对萧红故里的热切期盼。

1979 年，萧军陪同美国的萧红学者葛浩文从北京来到呼兰；

端木蕻良（左二）与众侄儿合影，从左至右：萧红之侄张抗、端木之侄曹建成、冯咏秋之子冯羽、端木之侄曹革成、金剑啸女婿李汝栋

1981年，他和许多文坛老友参加了在呼兰举办的“纪念萧红诞辰70周年学术研讨会”。

1986年6月，萧红故居纪念馆开馆不久，端木蕻良就来到萧红故居。在这里他欣然命笔，题下了“黑龙江之光”几个字，这应该是端木蕻良心中的萧红！

后来，端木还为呼兰出版的一本怀念萧红的诗集题写了书名。而西岗公园里“萧红之墓”几个字也是端木的手迹。据说，听到呼兰人想将萧红墓迁往故乡时，端木连声道谢，还感动得留下了热泪。

在故居，端木还与几个侄儿留下了一张珍贵的合影，其中有张秀珂之子张抗、冯咏秋之子冯羽、金剑啸的女婿李汝栋，以及端木蕻良的侄儿曹建成和曹革成。

萧红亲属在家乡聚首，右一为萧红之侄张抗

尾声

XIAOHONGYINXIANG

来到呼兰的萧红的故友，右起为骆宾基、萧军、舒群、塞克

重回视野30年

自80年代以后，许多同萧红交往过的故友文人不断来到呼兰，在萧红故居留下了他们探访的足迹，也留下了他们宝贵的墨迹。

舒群、塞克、骆宾基、方未艾、刘白羽、关沫南、延泽民、陈隄都是与二萧交往并到过故居的文友，还有在外地的老友罗烽、白朗、丁玲等也提供了宝贵的萧红资料。他们当中的许多人都是抗战时期东北作家群的中坚力量，也是一生从事创作的作家学者。

在最初的怀念中，萧军、端木蕻良的回忆。骆宾基的《萧红小传》、丁玲以及许多友人的回忆文章，都留下了萧红当年的足迹。

同时，龙江本地学者也开始撰写论文，理清萧红的生平事迹。其中，以铁峰的《萧红的文学之路》为代表；以呼兰人的调研访谈记录数量最多。

另一方面，经过文史学者的共同努力，许多萧红亲友的口头材料得到搜集整理。由于他们中许多人都年事已高，这样的记

修复前的故居

晚年丁玲

录就显得尤为重要，它为我们留下了难得的第一手史料，也为后人的研究提供了许多便利。

从20世纪80年代开始，萧红的名字为更多的国内外人士所知，越来越多的外地学者加入研究行列。许多有关萧红的论文与著述纷纷出版，一股萧红研究的热潮已经在国内兴起。1991 年，《萧红全集》首发式在萧红故居举行，同时举行了萧红塑像揭幕仪式。

后来，萧红的短篇作品被收入各种各样的文学选集中；许多出版社都出版了萧红长篇作品的单行本；近年还出版了名称各异的萧红全集……这为后人了解萧红提供了便利。

来自海外的关注

与国内的热潮遥相呼应，还在冰封大地的20世纪70年代，来自海外的关注很早就让呼兰人感受到了萧红的魅力。随着时间的推移，越来越多的海外学者来到了萧红故里。

最早来呼兰的是美国汉学家葛浩文，他的《萧红评传》出版于70年代，是最早的萧红传。1981年，他在萧军的陪同下从北京来到哈尔滨，很快他又激动地去了小城呼兰。后来，他回忆了当时的心情：

80年代文人聚首萧红故里

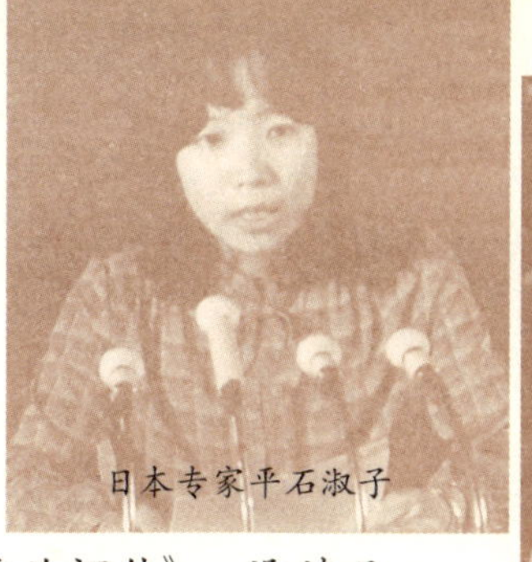
日本专家平石淑子

美国研究专家葛浩文在哈尔滨二萧故居前

我读到萧红的作品就喜欢上了她。很难得地看到一本《呼兰河传》。没读几页，我就为它深深着迷。《呼兰河传》这部小说写得实在漂亮，虽然轻描淡写，但是把环境和人都写活了，很难得……

当时不要说在美国，就是在中国也看不到萧红的书，所以连哈尔滨人以前也不怎么知道萧红……

下了飞机，一看到哈尔滨三个字时，我就热泪纵横。是我发现的，我“发掘”了她。当然现在环境好转了，中国内地学者所掌握的资料比我多得多。但那时情况不同，我的《萧红评传》是最早的萧红传记……

我没有想到，我会真的来到这里。然后我又得寸进尺地问：萧红生长的呼兰河镇可以去吗？他们说绝对不可以。可是，那么偏僻的地方我居然去了，有的时候车要往前开都开不了，因为那里的人都没有看到过洋人。我

文人们在西岗公园留影

去看她家，看她读过的小学，收获太大太大。

在葛浩文之后，日本学者平石淑子也两次来到故居考察，并参加了呼兰的萧红学术研讨会。她曾经撰写了多篇萧红研究的论文，后来的2008年，她出版了一部名为《萧红研究》的专著。那一年她又一次来到呼兰，将作品赠与了萧红故居纪念馆。

1982 年和1986年，旅居瑞士的著名女作家赵淑侠女士两次来萧红故居探访，还留下了充满深情的留言，这已经是她第三次回到黑土地上她热爱的故乡了。后来在2008年，赵淑侠荣获了世界华文作家协会颁发的 “终身成就奖”。

斯人已去余音犹绕

据说在1986年，当赵淑侠在北京作协访问时，应她的要求萧军、端木蕻良、骆宾基与她留下一张合影，这也是三老晚年唯一的合影，堪称绝照。10多年后，这张照片被刊登在澳门的报纸上。

晚年萧军

晚年端木蕻良

晚年方未艾

晚年胡风

晚年骆宾基

由于各自与萧红“剪不断，理还乱”的情感纠葛，萧军、端木蕻良、骆宾基三人的关系也变得十分微妙。虽然他们都是皇城脚下同属文联系统的文化人，但彼此却难同处。萧军、端木蕻良与萧红的关系无需赘言；骆宾基也自称是萧红最后选择的对象。

其中萧军与骆宾基还曾一道出现在呼兰的萧红纪念活动中。端木蕻良却是不能与骆宾基同行的。因为骆宾基在《萧红小传》中回忆，在萧红最后的日子里，端木多日不见的自私形象是为人不齿的。

据说多年以后，骆宾基还会在众目睽睽下愤愤地高喝：“端木是坏人！”让不明就里的听众感到十分纳闷，经过询问方才得知事情的来由。

而被他如此描绘的端木蕻良却并不对此做书面的解释，以致有人说这是怯懦者的哑口无言。端木的亲人说：这是端木的高姿态，他不屑与那样的诬陷者争辩，是非曲直自有事实和时间来公断。

据与他们共事的同僚回忆，80年代对三老的印象是：只要一提到萧红作品，每一位都会发出由衷赞叹。如萧军赞许《商市街》；端木钦佩《呼兰河传》；骆宾基则欣赏……仿佛萧红是一位高高在上的文学女神。

左起萧军、赵淑侠、骆宾基、端木蕻良

这一刻，三位老人天真又倔强的个性展露无疑，不由令人哑然失笑。还有一个耐人寻味的现象，据说三老的妻子丝毫没有避讳萧红的言辞，反倒为丈夫曾有这红颜知己而荣光……

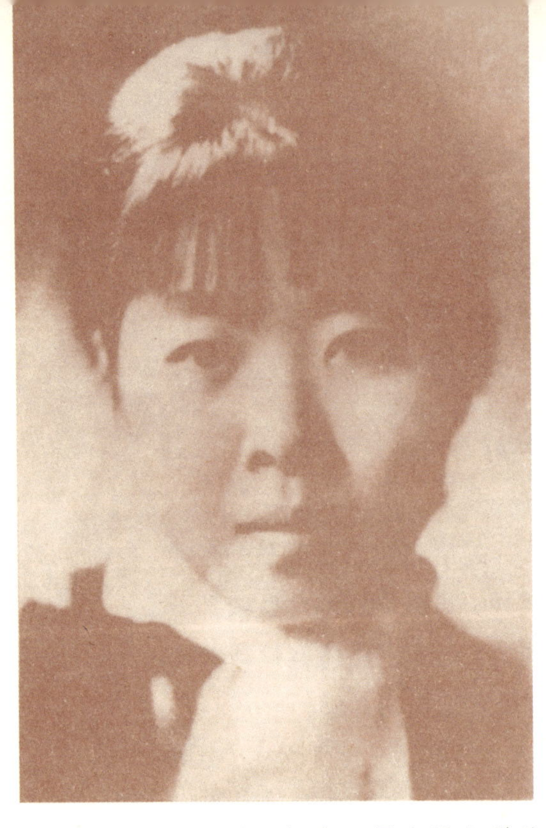

豁达之情亦属鲜见，一代才女真是魅力无限！

萧红之名响故里

从萧红故居开馆到新世纪的今天，超过百万的参观者来到这里。其中不仅有成群结队的学生、本地市民，还有几位多次来此的老专家、老领导。值得一提的是在世纪之末的1998年，这里还留下了国家总理的身影。

近30年来，黑土地上关注萧红的许多人都有一个迫切的愿望：愿萧墓迁返家乡，盼作家魂归故里！但遗憾的是，迄今为止还没有形成一套切实可行的迁返方案。

不过，萧红研究的热潮却一浪高过一浪，出现了一派可喜的局面。这让人对萧乡前景有了更加广阔的期待空间；有了可以拓展思路的开放视域。

年复一年，在关注萧红的人群中，有作家的故友亲人、专家学者；还有许多后起之秀、莘莘学子；更有众多热爱萧红的故乡百姓、青年粉丝。一时研读作品、复建旧居、出版全集、推介故里……一系列的活动正渐次展开，兰河萧乡的未来充满希望！

毋庸置疑，今天人们关注萧红的热情不会仅出于怀旧与了解，更精准的理由该是对故乡这位早年才女的仰慕与追思；是对黑土地厚重历史文化的无限眷恋！

迄今，人们不但深刻理解了萧红作品的卓越成就，还清晰地认识到萧红在黑土文化积累中不可替代的历史作用，并前瞻性地体悟了萧红研究对带动地域乡土产业的厚重文化价值。

的确如此，萧红已经成为黑土文化中一张特别响亮的名牌，曾经被岁月尘封的记忆正在不断被打开；一代又一代的研究者正在为我们描绘一位清晰可辨的故乡女儿。

回首来时路，我们会发现：萧红，这位从历史中走来的女作家的身姿已经十分清晰可辨。

往事如昨，岁月悠悠，在漫漫的历史长河中，萧红的背影无疑会渐行渐远……但她那倔强勇敢、才华出众的作家形象却越发生动感人！

写在后面

写一本图文并茂的萧红影像传记是我多年的构想。自关注萧红十几年来，我就有一个强烈的愿望：将清晰而准确的萧红呈给读者，让故乡的才女为更广大的读者所知。

此前，尽管已有数十部萧红图书问世，但由于历史与资料的原因，也由于地域与专业的局限，它们大多从文学研究着眼，以学术讨论为要；有的作品还因循早年的局限性观点，未将新成果与结论纳入其中；甚至还有作品未将人物融入宏大的历史背景之中，徘徊在众说纷纭、似是而非的藤蔓之中，难以描绘出一个真实可信的萧红。这不免令人遗憾。

因此，本书特别强调历史因素，希望达成一部以史为据、考证为先、科学立论的历史人物影像传。同时期待作品能以更大的亲和力缩短读者与传主的时空距离；以更强的可读性展开人物的历史叙事。由此产生了本书的策划思路：让人物在时代背景下展开；将读者带入一个世纪前的中国；同萧红一起走进滚滚红尘……向读者展示一个立体丰满又鲜活生动的真实萧红；也为萧红百年诞辰献上一份礼物！

然而，出版画传绝非想象的那么简单。由于历史的原因，萧红的照片不仅特别稀少而且极不清晰，画传需要克服图片数量与质量的巨大难题，其中艰辛可以想象。

首先，由于时代的制约，萧红的照片只有30多张，数量少效果差，对于一本书来讲，这只是杯水车薪，需进行大量的构思设计；其次，为弥补图片不足的缺憾，要补充大量的居地老照片，搜寻拍摄起来也特别耗力；其三，要让当年效果极差的照片达到出版要求，更是一件繁冗的技术任务；最后，撰写文稿时，还要逐人逐地考释辨析，更要求严谨精确的科学态度。

回首近一年的辛劳，可谓甘苦杂陈！当然，实现夙愿后的喜悦也是加倍的！

在作品即将付梓的时刻，我要感谢给了我诸多帮助的新老同仁与朋友！没有同仁们的开拓积累，就不会有那么多的资料便利；没有朋友们的鼎力相助，这部作品就很难完成。此外我要特别感谢担任本书责任编辑的田新华编审！她的敏锐与果决促成了本书的问世。最后还要感谢家人对我的默默支持！这也是我完成作品的必要动力。

当然，我更要洗耳恭听来自读者的反馈。因为我切望萧红研究的理想能够更加完美地实现！

2010.1.28 于哈尔滨

E-mail：88581687@163.com

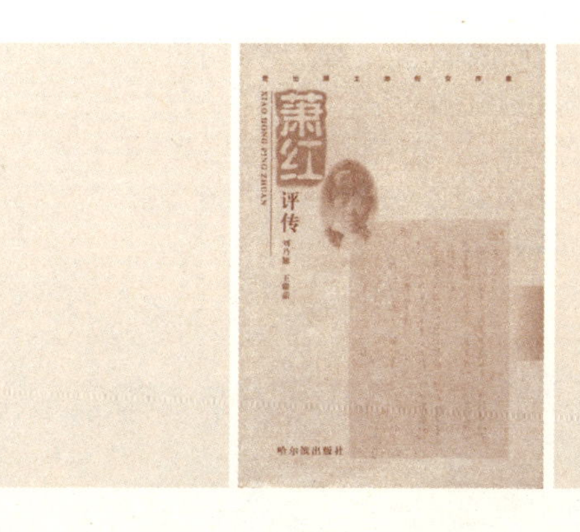

图书在版编目(CIP)数据

萧红印象:呼兰河女儿影像传 / 刘乃翘著.-- 哈尔滨:哈尔滨工业大出版社, 2011.5

ISBN 978-7-5063-3236-9

Ⅰ.①萧… Ⅱ①刘… Ⅲ.①萧红(1911~1942)—传记 Ⅳ.①K825.6

中国版本图书馆 CIP 数据核字(2011)第 038385 号

责任编辑 田新华
装帧设计 刘乃翘
出版发行 哈尔滨工业大学出版社
社　　址 哈尔滨市南岗区复华四道街 10 号　邮编 150006
传　　真 0451-86414749
网　　址 http://hitpress.hit.edu.cn
印　　刷 哈尔滨市工大节能印刷
开　　本 787mm×1092mm　1/16　印张 16.5　字数 250 千字
版　　次 2011 年 5 月第 1 版　2011 年 5 月第 1 次印刷
书　　号 ISBN 978-7-5063-3236-9
定　　价 48.80 元